直击创业板

创投专家指导创业、找钱、上市

STRIVE TO GEB

陈爱国 著

人民出版社

序言

　　这本关于创业的书，是献给那些有志于创业的勇士的，意在为中国新经济征程中的奋斗者摇旗呐喊、擂鼓助威。

　　当本书渐具雏形的时候，美国经济已经感冒了，蝴蝶效应同样波及到了中国。接下来的近三百个日夜，人们的视线和思绪都有意无意地被链接到了这场金融风暴之上。坦率地说，我并不认为中国的所有经济问题都和这场突如其来的风暴有关。相反，不期而至的风暴，意外地成了中国经济中一些不良现象的替罪羊。

　　中国经济这些年来最堪忧的是什么？从我个人的感受来看，是浮躁，是投机性过盛！当下，靠实业致富的先驱者中，有一些迤迤然移民走了，有一些凄凄然破产倒了，还有一些茫茫然傻了。而最吸引眼球的，是不乏有人转而炒股、炒金、炒房、炒矿，炒得盆又满了、钵又满了。个人的致富之道，无可厚非。但是，中国经济的政策，宏观调控也好，积极宽松也罢，千万不要南辕北辙、适得其反才好。当企业家放弃对实业的循环再投入，产业资本的过度转移已经成为一种群体性现象的时候，我们难道还不应该自省吗？大洋彼岸的这场金融风暴，倘若真能成为我们的前车之鉴，那是不幸中的万幸。

　　在我看来，实体经济是其他经济的基础，中国的经济要想有长期的、健康的发展，首先需要引导人们回归本源，搞生产、做服务、通商贸，靠劳动的智慧来积累真正的财富。同时我们还要深刻地认识到，依靠贱卖资源、污染环境、廉价劳力等等那些简单而粗陋的经济运作方式，绝不可能支撑起我们的美好明天。这个时代、这片土地、这个民族，在呼唤新的勇士、新的强者；中国的经济转型需要新的成功的创业者、企业家。中国近三十年的创新、创业之路，正越走越宽、越走越亮，但仍需要有源源不断的人为之开山运石，铺路架桥。作为这支时代大军中的一员，能有这样的机会，实在是荣幸之至。

支持作者将这本书最终完成有两个重要因素。其一是幸得各界同仁的无私支持和深切勉励。书中一些关于创业的体会和思考，是笔者从事科技创业投资十多年来的积累，以前大都散布于各类报刊媒体、讲座和论坛，这次能整理汇集于此，全赖新闻和出版界同志的帮助（详见后记）。另一个重要的原因是，2006 年团中央创设中国大学生创业导师、2007 年国家科技部推行中国火炬创业导师计划，本人忝列其中，深感责任之重大，尤患学力之浅薄，得遇此出版之良机，实在不敢不尽心焉。倘若读者在阅览之余，能体察作者野人献曝一丝之诚，愚者千虑秋毫之得，于愿足矣！

2009 年 7 月 30 日谨誌

目　录

．

．

．

．

3

■

■

■

■

第一部分

草根创业者这样做会成功

全国创业导师倾囊传授创业兵法

第一章　金融危机正是创业好时机

■
■
■
■

　　金融危机来了，满世界都在裁员，中小企业大批倒闭，当然还有半死不活的。这种形势下，创业现实吗？对于这个大问号，我作为一个创业导师，成功辅导过N多公司，我可以非常清楚地告诉大家答案，创业恰恰是金融危机下的另一种生存之道。危机正孕育着机会。

　　起码，现在就业成了大问题，从中央到地方各种鼓励创业的政策层出不穷，现在创业能得到各种政策支持。你唯一要做的，就是在这个新的时代，以新的方式、新的商业模式创业。金融危机来了，大消费的人少了，小消费的人多了，贵的东西不好卖了，便宜的就有天下，就这么简单。从创业到创业板，你的梦想并不遥远。

经济寒冬竟是他们的春天

　　我说金融危机也是创业好时机，是有很多成功实例支持的。网络创业可能最简单，而ASOS就是一个。

　　大家也许知道，在这轮国际金融危机中，最受伤的西方货币是英镑。金融危机使英国人平均每个家庭损失了6万英镑。不过，在这一

3

片崩溃和肃杀的寒风中，ASOS 是一个成功的"非主流"。说起 ASOS，估计大多数中国人并不陌生——跟中国台湾的大 S 和小 S 姐妹俩的组合名字相同。其实，它不会扭也不会唱，只是一家专卖女装的 B2C 网站而已。

ASOS 已经在英国上市，所以它要发布年报，我们看到它 2008 年的销售收入是 8 亿英镑，现金储备高达 1 亿英镑。人比人，气死人，那么我们不拿它跟别的公司比，只需要看看，2008 年，它的销售收入、利润比 2007 年狂飙了一倍多。

它"不合时宜"的业绩证明，即使在经济的一片萧条中，企业依然大有可为。而且，请大家注意，英国仅有 3000 万网民——大约等于北京和上海的网民数量。

讲 ASOS 的事是想告诉大家，即使在英国这个拥挤的市场里，在这样极端的寒冬里，网上购物这个市场也可以容纳很多很多的成功者。可见，当全球性的金融危机越来越深入地影响到实体经济时，硬币的另一面或许又会是别样的风景。另外，富人的钱袋在金融危机中瘦身了，奢侈品在寂寞中低下高贵的头颅，便宜货开始扬眉吐气了。

根据我的研究，经济环境的波动一定会带来新的商业机会。中国经济的特殊性也会带来国际机会，我们尤其应该跟着党和政府走，以内需为主要关注点。什么叫"坏事变好事"，怎样才能让"坏事变好事"呢？

大家都知道，2003 年的"非典"是一场噩梦，让东亚和东南亚的经济遭受重创；但也正因为"非典"，大家都不能出门，不能往热闹的商场挤了，于是就想尝尝电子商务的味道。结果，很多人玩网购一发不可收拾，电子商务以迅雷不及掩耳之势飞入寻常百姓家。于是，那个不大吉利的年份竟成了中国互联网特别是电子商务的春天，很多具有开创意义的新兴模式，比如淘宝网等都在 2003 年诞生。京东商城、红孩子、票务在线、饭统网……都是在"非典"中崛起的电子商务典范。

毫无疑问，等到这场金融危机之后，第二代的互联网公司将迎来他们的时代。这一波浪潮中，会是谁中流击水呢？我相信，现在很热的开心网等社区交友网都有机会。现在开始创业，或许机会就是你的。

当然，我不是劝所有的人都去创业。我这本书不是写给甘于平庸、没有梦想的人。伽利略说过，你不能教给人们他从不知道的东西，只能提醒他们去注意本来已经知道的。我希望我能够唤起不甘于平庸、有创业激情或者内心蛰伏着创业梦想的人们，希望从这里开始，走出能够载入历史或者改变历史的创业者。我为所有的创业者感到骄傲，我向你们致敬。

永远有机会等着你去发掘

根据我拿到的一个调查报告，大约有 50% 的青年想创业，但苦于找不到项目。我也遇到过很多人诉苦，说自己想创业但找不到机会，目光所及之处都是竞争惨烈的"红海"（"红海"代表已知的市场空间，"蓝海"代表未知的市场空间），却看不到商机无限的"蓝海"。甚至有人年纪轻轻，就发出"生不逢时"的感叹："别人碰上好机遇，我运气不好，要是有某某那样的机遇，我肯定比他做得更好。""我要是早几年做就好了，现在做什么都难了。"你如果抱着这样的想法，等你老了，中国创业板的微软、思科正年少气盛，一批批配角们起码也过把瘾才死，而你则连龙套都没跑上，到时可不要悔青了肠子。

讲一个比较经典的老故事，大家都知道，李维斯（Levi's）是风靡全球的牛仔裤品牌。李维斯的创始人就是发明牛仔裤的列维·施特劳斯（Levi Strauss），当初他到美国西部淘金，结果发现淘金者已经挤成了熙熙攘攘的"红海"。

在一次淘金途中，一条大河拦住了淘金者的去路，有人愤怒、失望，有人埋怨天公不作美，打道回府算了。但列维灵机一动，他租了一条船给淘金者摆渡，赚了不少钱。

不久，摆渡的生意被人抢走了，列维又发现，因为采矿很辛苦，人们容易出汗，饮用水很紧张。于是，别人采矿他卖水，又赚了不少钱。后来卖水的生意又被抢走了，这次，列维发现，采矿时工人跪在地上，裤子的膝盖部位特别容易磨破；同时，他发现矿区里有许多被人丢弃的帆布帐篷。于是列维再次改行，他把这些旧帐篷收集起来，做成裤子去卖，销量很好。"牛仔裤"就是这样诞生的。一个没有用双手去挖金矿的人，却成了名副其实的"淘金者"。列维也从这里开始，打造出了自己的李维斯商业帝国。

小眼睛发现大机会

李维斯的故事印证了一句名言："机会啊，当它已经过去的时候，人们才惊叹：原来那是机会！"所以，对于创业者来说，机会永远存在，但机会只属于有准备的人。那么，怎样才能去发掘创业的机会呢？

知道小眼睛教主周杰伦吧，刚出道的时候就被公认为"不够帅，小眼睛，吐字不清"，但也正是这些特点让人记住了他，小眼睛让他在成功的道路上增加了不少筹码。大多数创业者都是"草根阶层"，似乎不完美，甚至有很明显的缺陷，但是没关系，周杰伦的小眼睛可以成为个性、酷，创业者也可以充分利用"小眼睛"的特点，发现大机会。我总结出创业的四个小眼睛思想：

第一个，新的技术一定会带来新的商业机会。因此，我们有很多的科技创业者。创造发明提供了新产品、新服务，更好地满足顾客需求，同时也带来了创业机会。与信息技术相关的现代服务业有网站、移动商务、数字电话、IT外包等。即使你不发明新的技术和产品，也能成为销售和推广新产品的人，这就是商机。

目前最新的技术趋势是什么？网络，还有新能源。从奥巴马开始，全球的领导人都在呼吁所谓的低碳经济时代，其中的技术创新就是你的机会。

第二个，新商业模式是最简单也是最复杂的创新。说简单，是因为这些创新都是传统产业的例子；说复杂，是因为这些创新确实改变了传统。如家改变传统酒店模式，通过连锁和简化酒店功能获得了商务人士的广泛推崇。分众传媒"发现"楼宇广告，开创了户外媒介传播的新方式。其他的典范还有来伊份、美特斯邦威、锦江之星、格子创业等。

再如，数字技术变得太过便宜以至于可以忽略。《长尾理论》的作者在新书《Free》(《免费》)中称，互联网技术浪潮中的所有事物都走向免费，至少大多数消费品是这样的。先是存储器，然后是带宽（免费的 YouTube），再到处理器（免费的 Google）。数字信息的边际成本持续下降并趋近于零。一个典型的网站通常遵循"1%法则"：1%的用户所付的费用便足以支撑起其他所有用户免费使用。这种模式的可行之处在于，为其他 99%的用户提供服务的成本几乎为零，甚至完全能够忽略不计。这正是全球企业家、专家狂热地发掘的领域，从事 IT 的人也可以从这个角度去思考。

第三个，社会在发展，社会需求在变化。管理学家彼得·德鲁克将创业者定义为："能寻找变化，并积极反应，把它当做机会充分利用的人。"这种变化主要来自于很多方面，例如，人们现在更关注生活质量的提升，对环保等都有很多要求，与环保、绿色相关的适用技术、产品便前途广阔，例如农药残留检测、废弃物利用、纳米香袋、海洋食品等。再如，人口结构老龄化，与社会老龄化相关的服务产业也会有前景，老年玩具、宠物园艺等都比较看好。

第四个，一些重大的机遇，比如以世博、奥运为契机的产品、服务，例如自动导游、会议翻译、场地秘书、文化休闲，还有异域商品、食品、旅游等，包括反恐，大家都知道反恐是一个产业，反恐也给企业带来很多的机会。

所以，从这些比较宏观的角度，用你的小眼睛聚焦去考虑问题的话，也许各位创业者的思路会更清晰。有一个小故事与大家共勉。有一位日本很著名的图书经纪人，在国际上影响力很大，他把很多日本图书运作到其他语种的国家和地区，既弘扬了民族文化，又获得了巨大的商业利益。他每天早晨6点起床，花三个小时把日本和几个主要英语国家的新闻都看一遍，二十多年如一日。他说自己做的生意不是一国的，而是世界的，因此要深入地理解这个世界的现状和趋势，才能比别人更好、更快地看见和抓住机会。

创业者要有强大小宇宙

有人可能要问：你能不能直接告诉我，有什么好项目可以让我做大做强，最好能做成上市公司？现在都说要向马云学创业，马云自己说："那时候，很多人说如果阿里巴巴能成功，无异于把一个万吨巨轮抬到喜马拉雅山脉最高点。"大家扪心自问，让你去抬这个巨轮你干吗？所以，发现创业机会要用自己的眼睛和思想，不能寄希望于别人借你一双慧眼。

当你决定要创业，首先应该明确创业的方向以及要进入的行业。每个创业者都有自己在某个领域的优势资源，这些可能是你的专有技术，也可能是你多年积累的经验或者行业关系。而你的资本只有自己最清楚。除此之外，你还要考虑，是在红海中杀出一条血路，还是做第一个吃螃蟹的人，再开拓一片蓝海？

如果你能弥补竞争对手的缺陷和不足，这可能成为你的创业机会。看看你周围的公司，你能比他们更快、更好、更便宜、更靠谱地提供产品或服务吗？如果能，你也许就找到了机会。如果不能提供差异化的产品和服务，没有价格与技术上的绝对优势，千万不要进入红海，否则必输无疑。

第一个吃螃蟹的人不仅需要发现螃蟹，内心应该是强大的小宇宙。

试想，身边的人十之八九不看好，劝你不要"异想天开"，你还能不能坚持己见？迈出了第一步，你可能在漫漫长路中，只能"用左手温暖右手"。但是，机遇正是来源于新生事物，你问 10 个人，很可能 10 个人都摇头，等到 10 个人都点头，就意味着这个市场已经饱和。对于一个新事物，有人总结了一句话：多数人不认识时叫"机会"，大多数人都认可时叫"行业"，对此永远不认可的只能做"消费者"了，也叫"贫困户"。

机会往往是被少数人抓住的。我们要克服从众心理，摆脱传统习惯思维的束缚，敢于相信自己，不为别人的评头论足、闲言碎语所左右，才能发现和抓住被别人忽视或遗忘的机会。

换个脑子去创业

富人与穷人的区别，不在于钱的多少，而是观念。如果你照富人的思维模式去处理问题，成为富人是自然的结果；如果你是穷人的思维模式，成为穷人就是一种必然。有时候，机会并不是高不可攀，灵感也绝非不可捕捉，关键是我们要转变思维方式。其实，机会就躲在我们每个人遇到的问题里面。每个问题都孕育着商机，所以，不怕找不到机会，就怕司空见惯，没有多问一个为什么、怎么办。

大家都知道，江南春的分众传媒是一片惹人眼红的蓝海。所有人在等电梯时都很无聊，但是只有江南春在电梯口洞察到无聊的价值。江南春说，所有的蓝海战略都来自于对细节的洞察，来自于怀疑主义的精神，来自于颠覆性的思考。如果江南春也坚信媒体只能是大众媒体，只能是内容为王而不是渠道为王，那分众根本不会诞生，江南春也只能开个洗脚屋了……

今天，颠覆性的思考模式变得非常重要。你要相信，拥有不一样的眼光和思维方式，你会不断发现新的蓝海。《非诚勿扰》热播，很多人谈葛优、冯小刚，鲜为人知的是，江南春也是这部电影的股东之一。并且，观众们看美女，看北海道美景，很热闹，其实，很多内行人在看"广告"。江南春说，他们在拍之前，把所有的广告先搜集好，广告费就是制作费，有多少广告拍多少电影，这样的话永远不会亏。《非诚勿扰》做了 14 个植入式广告，搭了 10 条贴片广告，广告收入五千多万，正是这部电影全部的制作成本，所以三亿票房基本上都是纯赚的。江南春还表示，以后要多拍现代片，最好是拍"疯狂的赛车"，因为汽车赞助更容易赚钱嘛。

很多人听到广告就头疼，我也不例外。我收到不少网站的商业计划，我发现创业者找不到出钱的冤大头，就说自己的商业模式是"广告"，也就是说，创业者准备用吸引广告客户投放广告的办法来实现赢利。你知道不知道，这年头多少 AAAA 广告公司为了争客户打得头破血流？但是，竞争白热化的广告行业中，又一片蓝海让江南春赚了个盘满钵满。

即使在网络时代，创业也不一定涉及高科技领域，很多产品没有什么技术含量，也并非解决了什么大问题，但它们是实实在在的商机，甚至是价值连城的商机。可以说，到处都是蓝海，希望创业者能够拥有发现蓝海的慧眼。

"加减乘除"的创业头脑风暴

有人说，我不是眼珠子一转就想出一个鬼点子的人，天生不是"创意型"的，我怎么发现蓝海呢？是不是就没有希望了？大家都会看书和上课，学管理，学营销，学销售，有没有办法学习一下怎么发现蓝海呢？

前阵子《梅兰芳》这部电影很火，关于梅兰芳大师的一则小故事相信很多人不会陌生。梅兰芳小时候曾经被老师断定不是学戏的坯子，因为他眼神呆滞，眉目传情、暗送秋波这些戏里常有的事估计他都做不来。梅兰芳却一心要学戏，怎么办呢？他看鸽子飞入蓝天，看鱼儿游在水里，假以时日，梅兰芳终于拥有了一双温婉含情的美目。那么，创业者怎样练出一双发现蓝海的慧眼呢？

我向大家推荐一种方法，就是每天做做下面介绍的"加减乘除"思维体操，为你的蓝海进行头脑风暴。相信经常被灵感撞下腰，你很快就可以惊奇地发现——蓝海真的无处不在！

加法

公式是"A+B=C"。A 和 B 都是已有的传统产品，你要做的是把两种或以上的传统产品放在一起，看看是否能形成一个多功能的新产品"C"。

例如，普通的手机只具备通话和短信功能，但把照相、MP3 甚至MP4 功能加在手机上，便引发了一阵阵的新浪潮。再如各种"多功能"产品，例如去屑、滋养等功能合一的洗发水，都是非常好的商业创意。

我平常不大看畅销书，我太太前段时间看了一本书叫《巴别塔之犬》，很是感动，非要我做家庭作业，读一遍然后跟她报告心得。这本书讲什么呢？一个男人的妻子突然自杀了，这让他很痛苦，很不解，因为他跟妻子很恩爱，而且他想不出妻子自杀的任何理由，也没有发现任何先兆。而目睹妻子自杀过程的，只有他家的一条宠物狗。他为了弄清楚妻子为什么要用这种方式离他而去，就作出了一个疯狂的决定——教狗说话，他要从狗的嘴里掏出妻子的死因。

这本书用倒叙的方式，有两条叙述主线：一是回忆跟亡妻相识、相爱并且执子之手走向婚姻，"不思量，自难忘"；一是他是怎么样教狗说话的。请大家想想，如果单纯是悼念爱妻的书，是不是太老土，不吸引人？而如果单纯是教动物说话，没有爱情的因素，是不是很小众、很离谱，也没有几个人爱看？两个"老土"的主题相加，就成了一本畅销书，风靡全球。

请这本书的粉丝们见谅，大家读书像艺术家欣赏美女一样，而我却像手术室的医生一样毫无情调，实在惭愧。

所以，两个大家很熟悉的，甚至有点乏味的旧东西，"加"出来的结果往往具有新的商业价值，这是很简单也很重要的一种思路。

减法

我们这个时代跟汉朝有点相似，就是以瘦为美，至少女性都纷纷挨饿、减肥，非要做排骨美女。所以"减法"格外有流行的群众基础。

"减法"的思路是缩小体积、减轻重量、节约时间、降低成本等。例如手机、照相机、笔记本电脑，越来越小巧轻薄。一次性产品也是一种思考方向，可以把你身边的产品加上"一次性"来考虑。例如一次性内衣免于换洗，可节省时间，尤其方便出门在外的人。

再如电脑"减去"软件安装，常规想法是预装机，或者将常用软件"加在"电脑硬盘中。但有人提出"减法"法则——网络解决模式，用户无须安装任何软件，如果想看电影，网络就会自动识别并下载相应软件，用户即可播放。没有软件知识的人也可以随意使用，彻底"傻瓜"化。

当然，把减法进行得最彻底的是计算机。我们知道，最初的计算机庞大得可怕，有几个房间那么大，大家买不起、用不了，也不会用，它就不可能商业化。很多东西只有变小了，身轻如燕，才能飞入寻常百姓家。恐龙计算机瘦身成家用电脑，才有了全球 PC 市场的繁荣，才有我们熟知的那些巨无霸 PC 厂商。

于是，没过多久，家家都有一部台式机了，怎么办？继续减肥，于是笔记本电脑出现了，它便携，商务人士可以带着它飞来飞去，于是大家甭管是不是淘汰家里的台式机，都有理由再买一个笔记本电脑了。

到现在，电脑瘦身成上网本，大多数只有 1 公斤左右，两三千元人民币就可以搞定，而且外观时尚可爱。再加上无线上网、3G 上网技术比较成熟了，把上网本塞在公文包或者手提袋里，又方便又时髦。于是，上网本又成了新流行。

乘法

"乘法"其实就是将两个或两个以上的相同物品相乘，例如软件复制以及实体店的连锁模式。"乘法"的魔力在于同一产品或模式的成倍数扩张，可以大大降低采购、管理和推广成本。

这相对于"加法"和"减法"有点费解，举个容易理解的例子——教科书，这是将知识复制传播的一种"乘法"效应。如果没有教科书，多优秀的老师一次也只能教几名学生；有了教科书，平庸的老师也能将知识传授给几十名学生。

"乘法"效应基于可以形成网络的载体。因此不少人将目光投向数字技术和新媒体，计算机网络是可以应用"乘法"制造商机的最佳领域。

"乘法"法则现在也很流行，即使是在传统行业。当然，这就需要资本和积累，不像"加法"和"减法"一样拍拍脑袋也许就能出个结果。比如，以前旅馆一般只开一家，现在也搞连锁了，例如如家、7 天，而且成绩不错，很受资本市场欢迎。饮食业最有名的连锁是麦当劳和肯德基，但现在，我们中国人做中国菜连锁也很红火，例如小肥羊做的火锅连锁店，真功夫做的中式快餐店，小肥羊上市了，真功夫也拿到了大笔风险投资。虽然引入风投之后创始人之间的矛盾白热化已经成为业内公开的秘密，但发展前景依然看好。

除法

"除法"的思路是提高性价比、分担成本等。著名的例子有霍英东首创的卖"楼花"，盖楼所需的巨款由购楼者分摊，大大提高了资金使用效率，降低了开发商的风险。"除法"的一大魅力是：一个不菲的数目，如果由足够多的人分担，每个人就只需付出一点钱。这种模式使很多看似不可能的事情变为可能，从而诞生新的机会。

"除法"被一个名叫亚历克斯的英国学生运用得淋漓尽致。他要想办法筹集自己的大学学费，但又不想从银行贷款。他灵光乍现，只用10分钟就建立了一个名叫"百万首页"的网站（milliondollarhomepage.com），然后将这个网站的首页平均分成1万份，每一份只是一个小小的格子，他把每个格子标价100美元出售。结果，这个几乎是零成本的网页总价值高达百万美元。买家可以在自己购买的格子中放任何东西，宣传自己的网站、产品等。这个创意曾引发出一场"格子"风暴，模仿者层出不穷。

如果能把"加减乘除"应用到你所熟悉的行业，时不时进行头脑风暴，说不定你很快能找到自己的蓝海！

在大家开始进入实战阶段之前，我不得不告诉大家，大学生和青年朋友们创业，理想很美，现实很残酷。因此，我希望大家不要太过在乎某个阶段的成绩，创业是一种价值观的选择，一项长期甚至是终生的计划，甚至是一种生活方式。创业难，守业难，知难不难，与大家共勉！

第二章　五大方向帮你找到绝世好机遇

.
.
.
.

　　我已经遇到太多人问我，怎么去找一个好的创业项目？或者问我，现在或者未来三年、五年，什么行业比较合适创业，有没有什么好机会？

　　我不可能给你具体的答案，世界上没有两片完全相同的树叶，更没有相同的人，所以，如果有人说某个项目适合所有人，那只有一种可能，就是忽悠你去做传销。不过，我总结了下面五大方向，绝世好商机当然只能循着大方向去找。你看到大趋势，就能做大事；看到小趋势，就只能做小买卖。沿着这些方向深入下去思考，应该起码有一个会适合你。

　　我的一个基本认识就是，金融危机以后，全世界都在转型，转型中就可能出现商业机会。你的理想低，可以做小老板；理想高，可以上中国创业板，到美国纳斯达克；理想再高点，做微软第二、思科第二也未尝不可。

什么都可以老土，只要商业模式新

　　在现实生活中，我们接触得最多的是传统行业，比如衣食住行，谁都离不开。自从人类进入商品社会以后，这些产业一直存在，并且不

15

S T R I V E　T O　G E B

断发展。那么，对于创业者来说，这些传统产业是不是就没有机会了？

其实不是的，当传统产业的商业模式发生变化时，就会产生新的机会，产生新的企业发展模式，企业就能创造新的价值。

服装行业解决的是穿衣问题，这是一个传统得不能再传统的行业了，但我们也看到很多创业者找到了好机会。大家都知道，有一个服装品牌叫美特斯邦威，很多年轻人喜欢它。美特斯邦威 2008 年已经在深交所中小板上市。到目前为止，美特斯邦威没有一家工厂，它所有的服装都是别人加工的。这样，它可以集中精力经营品牌，拓宽渠道，它的发展空间就比传统的服装企业大很多。所以，美特斯邦威能获得资本市场的青睐。

另外，上海很多楼宇上有一个商标，叫锦江之星。锦江之星是旅馆业，解决住宿问题，类似的还有如家、汉庭等新兴的品牌。传统的旅馆业以场地为主要经营手段，客人住在旅馆里，旅馆提供尽可能好的服务，从而获取利润。现在，旅馆业涌入了我们前面所说的这些新军，它们的核心价值除了为旅客提供传统的服务，更多的是通过连锁的方式获取更多的发展空间，以更高的速度发展，并通过资本市场获得更多的收益，提升企业的整体价值。这就是新型商业模式带来的新机会。

缔造财富神话的信息技术

科技的发展为我们带来很多创业机会。从 20 世纪下半叶到 21 世纪，信息技术的成长速度很快，简直就是一个神话制造机器。我们最熟悉的财富故事，在国内大家耳熟能详的有丁磊、马云、张朝阳等，都和信息技术的发展息息相关。可以这么说，没有互联网，没有信息技术的发展，就没有这些企业的存在。

现在，人们在互联网上做的事情越来越多，学习、工作、购物、娱乐……，这意味着信息技术带来的机会很多。在早期获得投资的企业里面，有很大一部分就是这些高新技术企业。大家可以适当关注一下跟信息技术相关的现代服务业。

互联网创业最简单的一个方法就是 copy 海外的成功模式。在所谓赢家通吃的年代，行业中一般只有前三名的企业是最后能活下来的，所以我们 VC（Venture Capital，风险投资）一般只投行业的前三名。而奇怪的是，不知道是中国国情之困，还是中国这潭五千年的水确实很深，在美国成功的互联网公司，在中国几乎都被中国本土公司（当然其中很多也是外资 VC 投资的）打败了，卖书的是这样，搜索的是这样，拍卖的也是这样。所以，互联网创业的模式就变得简单——拷贝美国成功的模式就是了，现在流行的开心网等其实都是这样干的。拷贝美国模式还有一个好处，就是你能够比较轻松地获得海外 VC 的青睐，你只要说你做的事情就是美国某某的中国版本就可以了。

21 世纪健康最贵

全球正向所谓低碳经济时代进军。随着社会的发展和人们生活水平的提高，大家对健康生活、洁净环境的要求越来越迫切。大家也越来越认识到，新技术是一把双刃剑，正是我们所享受的技术革新，使我们置身于各种威胁中。例如，环境的污染比以前严重得多，我们比以前更容易遭受科学的伤害。一边是人们对健康、环保、绿色生活的需求，另一边是客观的现实，这对矛盾中其实蕴藏着巨大的商业机会。

为什么这样说？例如，人类发明了农药，农药可以提高农产品的供应量，让更多的人可以填饱肚子，满足生存的需求。但是，农药也给人的健康带来危害。农药的残留问题受到国际关注，在我们国家也没有彻底解决。我知道很多农学院有这方面的技术，可以快速检测蔬菜、水果、粮食中的农药残留。这些技术当然可以应用在农业生产的过程中，但是也可以应用到日常生活中。如果这种技术有突破性的进展，能使检测农药残留的试剂变得像我们读书时做试验用的 pH 试纸一样简单，这种产品就完全可以引入家庭生活中。家庭主妇在准备菜肴的时候，浸泡、清洗蔬菜之后，可以用这样的试纸测试一下，看看还有没有农药残留，如果有，试纸的颜色会发生变化。所以，当技术的发展与社会需求相吻合，就是一种新的商业机会。

另外，生活中有很多废弃物，以及对健康有不良影响的物质，如果我们有新的生物、环保技术，能够解决这方面的问题，就可以创造新的产品、新的生活方式。

老人与蓝海

这是我建议大家重点关注的领域。为什么呢？随着社会的发展，我们的国家逐步进入老龄社会。在国外，老龄产业非常有发展前途，而且现在已经具有相当规模。但是在我们国家，老龄产业的发展非常迟缓。小孩子有各式各样的玩具，这方面的创意和新产品层出不穷。年轻人也有自己的娱乐方式，越来越丰富多彩。但是，专门为老人设计的玩具很少。据我所知，日本有很多为老年人设计的玩具。那么，我们的创业者是不是可以关注一下这样的创业机会？

再比如，老人的居家服务也值得思考。随着社会的发展，人们的生活方式有了很大的变化，越来越多"空巢"老人出现，就是说子女离乡背井在外工作，只能把老人留在家里。这样，独自生活的老人就需要各种居家服务。

设想一下，如果我们利用现有的通讯技术，以某种方式把为老人提供服务的企业联系在一起，会怎么样？比如，我们可以设立一个呼叫中心。这个呼叫中心是为老人度身定做的，和一般的呼叫中心不一样。老人对数字的记忆力不太好，如果给他一个电话号码，他可能记不住。于是，这个呼叫中心要进行改造，老人要呼叫的时候，不是拨打一个号码，只需要按一个按键。这其实不难，现在已经有非常成熟的技术可以做到，那就是电话拨号器，这种设备可以连在电话线上，把要拨的号码固定在里面。而且，这种设备的成本很低，销售的价格也只有 20 元左右。

老人在需要服务的时候，只须按一个键，电话就为老人接通了。接线员就会问："张大妈，今天需要我为您提供什么服务？"张大妈可能会说，她想吃一碗面条。那么，接线员就从以前的记录里面，找到张大妈喜欢的面馆，然后给面馆打电话，让他们做一碗面条送去给张大妈。

这样的模式其实是把新技术和传统服务方式结合起来，看似简单，其实可以提供很多新的价值。类似的服务还有很多。比如，老人对地理位置和空间的认识会有一定的障碍。在日常生活中，我们经常发现迷路的老人。所以，很多老人不太愿意出门，宁可待在家里。有没有办法解决这个问题呢？

现在，手机几乎是人手一部，其实每部手机都有定位的功能，否则无限通讯是不可能完成的。据我所知，很多运营商已开始向社会推出定位服务了。我们能不能针对老人的特点，推出一些定位服务呢？其实，这样的服务在国外非常普遍。日本就有老人、小孩专用的定位手机。老人在外面闲逛，如果迷路了，他除了需要知道自己的位置，还需要知道怎样才能回家。假设张大妈出去购物，越走越远，发现自己不认识路了，就可以打电话给老龄服务呼叫中心："我现在在哪里啊？"接线员通过定位功能可以知道，老人现在在静安寺。张大妈再问："我要怎么回到闸北区呢？"接线员就告诉老人应该怎么走，帮助老人平安回到家。

我只是举了一两个简单的例子。随着老龄化社会的到来，可以为老人提供的服务非常多，老龄服务产业发展的空间非常大，创业者的机会自然也无处不在。

大事件，大商机

下面，我们要介绍的一大方向就是以特定历史事件为契机，推出有竞争力的产品和服务。世博会、奥运会就是特定的历史事件，它们蕴涵着很多创业机会。其中一些机会比较传统，门槛比较低；有一些机会则比较独特，或者说需要一定的准备、一定的竞争力。

比如，做一般的导游谁都会，但是你有没有能力提供"人不用到场"的导游服务？事实上，现在完全有这样的技术，已经有企业利用卫星定位系统，做"自动导游"了。

游客只需要携带一个像手机一样的设备，他一走到静安寺，通过卫星定位系统，"自动导游"就知道游客的地理位置，然后对他解说，静安寺是一个什么样的地方，有多少年的历史，有什么特色。而且，如果游客是讲英语的，它能用英语做景点介绍；如果游客讲日语，它也可以讲；如果讲西班牙语，也有西班牙语的版本。接着你走到玉佛寺，它也能马上知道，就会把玉佛寺的景点介绍告诉你。这样的产品就不是任何人都可以做的，和传统的产业不一样。

六个渠道"淘"好项目

对于手上有资金，心中有创业激情的人，去哪里找好项目呢？偶遇的概率太低，守株待兔更不现实，我建议大家尝试下面六种渠道。

科研院所

我们知道，现在新的产品、技术层出不穷，所以要到它的源头去寻找。源头在哪里呢？大中院校的科研院所，那里有很多新技术，新技术有可能成为新的创业机会。

大学生创业计划

我在书中，在平时做演讲的时候，都列举过很多来源于大学生创业计划的例子。十多年以来，每两年有一次全国性的大学生创业计划比赛，每两年还要举行一次大学生科技创作比赛。在大学生的作品中，有很多非常好的创业思路。所以，大家可以从中发现好的创业机会。同时，如果大学生自己去创业，由于社会阅历、知识结构、人脉资源等很多原因，成功的概率不高。如果具有一定社会阅历、社会资源的人能够与大学生一起创业，那成功率则会大大提高。

成果转化服务中心

1998 年，上海市政府出台了《促进科技成果转化的若干规定》，同时成立了成果转化服务中心。这个服务中心首先要从市场和技术的角度，对来自社会各界的科技项目进行认定，然后为这些项目提供从融资到政策优惠等各种服务。据我所知，服务中心的数据库里至少有 6000多条记录，也就是说至少有 6000 个项目。但是，我个人估计，已经成功转化的项目不到 10%。所以，这个数据库中蕴藏着很多仍然沉睡的商机。有很多好项目因为没有合适的团队，或者没有启动资金，一直没有能够转化。因此，我们可以从中淘到很多创业机会。

技术、产权交易所

这些技术、产权交易所也是政府部门设立的，同样蕴藏了很多科技成果。其中甚至有发展到一定阶段的企业，因为各种关系，需要转让或者卖掉。这也是寻找创业机会的好途径。

各类经济园区

现在有各类经济园区，比如开发区、产业园区、高新技术开发区、都市工业园区、创意产业园区。这些园区中，很多项目在转化的过程中需要外界资源帮助，可能需要资金，也可能需要团队或者市场销售方面的帮助。所以，对新的创业者来说，这里有很多可以合作的机会。

政府创业项目推荐

社会保障部门、劳动保障部门等有很多青年创业项目的推荐活动，其中也有很多机会。

怎样看一个项目？

淘到一个项目之后，创业者们应该怎么看这个项目，才能知道它有没有可行性？如果做这个项目，能不能创业成功？我认为，创业者们考虑的要素应该包括但不仅限于下面几点。

产业政策是不是允许？

首先要看产业政策是不是允许你去做这个项目。如果是一些污染比较严重、破坏环境、能耗很大，或者对社会产生很多不利影响的项目，那就不应该去做。因为这些不是国家产业政策所鼓励的，做这样的项目，未来的发展机会很小，碰到的障碍会很多。

市场容量够大吗？

你选中的项目有多大的市场？这是一个很重要的问题。我们知道，有一个很豪华的商业化项目，叫太空旅游。俄罗斯运营这个项目，据我所知，到目前为止只有两个客户。每上去一次要几百万甚至上千万美金。这确实是一个市场、一个机会，而且未来应该会发展，但是对创业者来说，市场太小了，做不下去，或者做不大。

你手上的资金够不够？

如果要做这个项目，你有没有足够的资金？如果一个项目需要10万元才能启动，而你只有8万元，那千万不要做。道理很简单，对创业者来说，因为投入不足，最后还是会失败。所以，看项目还是要看跟资金规模相匹配的。

你有没有销售的能力？

如果你做这个项目，有没有销售的能力？每个人都有特定的社会关系，都会接触特定的社会团体。因为每个人接触的市场资源不一样，所以要考虑，你的市场资源适合做什么产品？如果这个项目和你的市场资源、营销能力和渠道相吻合，那对你来说就是合适的选择。

有没有志同道合的团队？

最后一点，也是所有项目成败的关键，就是你能不能针对这个项目，组建起一支志同道合、战斗力很强的团队。如果你做这个项目，能不能找到志同道合的合作伙伴？如果能找到，成功的概率就会大很多；如果没有，失败的风险不言而喻。

再来说说创业这件事

创业本身是一种价值观的选择。我们不能说选择就业就是价值观不高尚，如果你能充满激情地去做自己很喜欢的工作，这也是一种很好的创业状态。但是我们可以这么说，拥有创业激情并且选择创业的人，世界观一定和选择就业的人不一样。

而且，要提醒青年朋友们注意，创业是一项长期的活动，而不是一时头脑发热，没有人能随随便便成功的。为什么这么说？创业和就业不一样，就业相对来说比较简单，成本比较低。你今天看见一个招聘广告，如果觉得条件合适，就可以去应聘。如果你跟用人单位谈得不错，也许明天就可以去上班。如果你觉得单位的待遇或者环境不理想，随时可以递交辞职报告，再找个下家。

我们再来看看，如果你选择创业，事情就远远没有那么简单了。首先，你要做很多准备工作，比如知识上的准备。你要开电脑公司，就要学习电脑方面的知识。你要开软件公司，就要学习编程。而且，你还要学习怎样组建一个公司，怎样招聘员工、管理员工，怎样选择市场，你要考虑提供什么样的产品，还要"人肉搜索"在明处和暗处的竞争者，思考自己应该怎样去对付他们。

所以，创业是比就业复杂十倍的一个挑战。创业是一项长期性的计划，必须逐步实现。我经常劝告年轻的创业者，如果你的梦想、你的价值观是选择创业，最好分成几步走。大学毕业的时候，选一份跟你未来的创业方向吻合的工作，不失为一个好的准备。

创业具有不确定的特性。这个世界有很多必然性，同时也有很多偶然性，世界是必然性和偶然性的结合体。就像我们看一场足球赛，尽管两支球队实力悬殊，但是比赛的最终结果不一定是强队赢，弱队输。创业也是一样，即使你做了很充分的准备工作，你的商业计划做得很详细，你的可行性研究做得很周到，还是有失败的可能。同样，当你觉得山穷水尽的时候，可能曙光就要出现了。大家可以去看看成功企业家的经历，就我所辅导的项目、我亲眼所见的创业经历来看，无不是经历大起大落后才得以成功的。这就是创业的不可预见性，也是创业能给我们带来乐趣、创业这件事充满魅力的重要原因。

当然，我们在创业的时候，不会一开始就盘算着以失败收场，而往往渴望成功。所以，创业具有着浓烈的理想主义色彩。正因为这种理想主义色彩，我们会经历痛苦，会拥有失败以后重新站起来的激情，也会享受成功的喜悦。所以，当我们面对一个创业者，千万不要因为他的创业热情很简单、很幼稚、很单纯，就随便泼冷水，而是要尽量给他鼓励和指导，因为创业本身就是带有理想主义色彩的活动。

最后，请大家注意，一个人一天就可以想出一百个赚钱的方法，但你一生也许只能做一两项可以让你真正成功的事业。所谓"想得到，懂得了，做得着，做得好"，这是几个不同的层次，大部分人只能到第一层、第二层，能做到最好的人，才能笑到最后，成为真正成功的创业家、企业家。

第三章　什么样的战略能让你活得滋润?

．
．
．

成功的企业一定是战略正确的企业，但是有人觉得，战略是大公司的奢侈品，创业企业疲于奔命，有没有资格来谈战略？从我的经历看，战略对任何企业都不是奢侈品，而是必需品。

如果把巨星姚明作为一个创业公司来考虑，这个姚公司后面的姚之队所制订的战略应该是其成功的关键之一。在登陆 NBA 之初，他的商业计划或者说战略就是由芝加哥大学商学院的副院长约翰·海金格博士制订的，而中国另一位运动巨人刘翔的商业价值就没有得到充分发挥，这也是大家有目共睹的事实。

活着比什么都重要

事实上，对任何一个创业企业来说，战略都是现实的。战略是什么？其实老农民的想法最正确，简单地说就是吃着碗里的，看着锅里的，想着田里的。对一个企业来说，你先要学会生存，然后想到发展，最后有个成功的大目标，例如，你创业的大目标是上创业板，这是很简单的思路。

《士兵突击》里有一句经典台词："什么是有意义？有意义就是好好

活。什么是好好活？好好活就是做很多很多有意义的事。"企业和人一样，只有活下来，才谈得上理想，才能发展。理想很美，现实很残酷。我知道你的技术好，产品好，商业模式也好，但你不要死在找第一桶金的路上。创业企业也需要一个明确的战略，这种战略更侧重于企业的生存。

我首先想提醒创业者，要以理智的态度来对待自己的现金流。互联网带来了速度和梦想，但有时候也让人激进和疯狂。有不少企业拿到投资人的钱，而且是大笔的钱，胡花海花。似乎烧钱成了一种时尚——奢侈的办公室、铺张的发布会、乱砸广告等，甚至没钱的人也跟着烧钱，最后把自己给烧了。

现金流是生存的基础，许多很棒的公司之所以倒闭，并非死在没有发展前途上，相反它们的前途本来是光明的，关键是自己没有钱可以坚持到那天。现金流断裂就如同大河断流，河里的鱼幻想后天会下大雨，可怜的是今天夜里可能它就渴死掉了。

创业企业任何时候都需要控制成本，在目前的大环境下，这个问题变得更为突出。很多企业活不过一两年，往往是因为现金流控制得不好。曾经有一个创业者告诉我，他们买的全部是破产网游企业的服务器，几乎全新的设备只要两三千元。其实，成功的企业起步时并不一定都要高投入，早期的 Google 用的服务器全部是电脑城里组装的 PC 机，然后用软件来解决稳定性问题。

除了节流，开源是最重要的。你不能把手里的钱烧完了再去找钱，要想办法尽快挣钱，哪怕第一桶金不是由核心技术创造的，而是贸易、技术服务或者其他方式。只要掌握了赚钱的方式和方法，有了第一笔收入就不愁第二笔，很快就能进入良性循环。

汉庭连锁酒店的创始人季琦说："从我个人的创业经历来说，刚开始什么也没有，关键是活着。"创业的第一个关键词就是活下去，他当时哪里有大单子就往哪里跑，哪里有钱赚就往哪里跑。要坚持下去，趴

27

着、跪着、躺着、站着，如果活不下去，那就没有机会了。

大家都知道马云，其实阿里巴巴有"日本血统"，跟马云最惺惺相惜的投资人，当然就是日本软银投资的创始人孙正义。孙正义也是成功的创业者，他的第一项发明是"多国语言翻译机"。这个东西类似前几年流行的"词霸"，它是由字典、声音合成器和计算机组合而来的。输入一个日文单词，就会有正确的英文发音回应。

当时，孙正义一没钱，二没技术，他想做的第一桩买卖看起来极不靠谱。他拜访了很多位教授，向他们推销这个方案，请他们先进行研制，等他卖出专利，拿到专利费后，再支付报酬。他遭到大多数人的拒绝，但功夫不负有心人，他最终还是说服了几位教授，把这个玩意儿做出来了。

他带着这项专利回到日本，发信给50家家电厂商，并亲自拜访佳能、欧姆龙、卡西欧、松下电器、夏普等10家公司的社长。这个过程真是无比坎坷，他无一例外地遭到了拒绝，连一位前台小姐都嘲讽他，说这个东西"一文不值"。但孙正义并不气馁，几经周折，他见到了夏普的负责人佐佐木正先生。刚开始的时候，佐佐木正漫不经心，但最终被孙正义的认真和坚持打动了，要"大力栽培"这位年轻人。他用约100万美元的价钱买下了这个发明。孙正义终于淘到了自己的第一桶金，为自己后来的发展奠定了基础。

从孙正义的第一桶金里面，创业者可以看到我们前面说到的两个重要因素。一是省钱，孙正义实实在在地研制、推销，而没有砸钱买技术、租豪华办公室、搞老板排场，其实花出去的钱并不多；二是积极开源，产品做出来就拼命把它卖出去，只要有收入，创业者就有活路。

不少创业者都觉得自己是死于没有遇到识货的"贵人"，觉得如果当初有人再给点钱，现在他就可以做成微软了，他们在总结失败的教训时强调，如果再有多少钱就可以反败为胜。其实，对企业经营者而言，资金永远都不够，幸存下来的创业者常常是因为重视现金流量，而不是因为投资规模有多大。还有些创业者失败的原因是过高地估计了自己的技术，而忽略了客户的现实需求。因此，对企业的产品、技术、资金、人才、市场等各部分，创业者都需要有清晰而理智的认识。作任何决策都要自问：这样做是否影响到企业的生存？只有掂清了自己的分量，才能准确定位，避免盲目行动，提高自己的"存活率"。

创业者的思想游戏：战略大攻关

现代人很擅长描述愿景，说我的商业模式在未来十年会如何大放异彩。但是，请创业者们注意，如果没有战略，愿景就等同于吹牛，你连怎样活过第二或第三个年头都不知道，让投资者怎么看得到十年后的光明？

美国《公司》杂志的调查数据显示，创业者在最初的公司战略规划方面所花的精力极少，只有28%的创业者制订全面的战略规划，41%的创业者根本没有战略规划。

很多创业者问我，要如何做好自己的战略规划呢？商学院的MBA案例都是描述成功大企业的战略，并不适用于初创企业。我记得有人做过调查，用MBA的管理方法进行管理的中国企业大多数业绩都下降了。要找到属于自己的战略，你要冲过五关，这是勇敢者的思想游戏，这值得创业者们都来试一试：

战略第一关：你为什么创业？

这个问题看似简单，似乎是不言而喻的，但创业者往往很少深入思考过这个问题。于是，终极问题也就成了终极困惑。如果你觉得这个问题太大，可以试着回答下面的几个小问题，再回过头来思考大问题。

（1）我创业的直接原因是什么？是因为拥有某种客户或资源，从而看到了一个赚钱的机会，还是为了更好地发挥自己的潜能？

（2）我创业的目的是什么？是为了实现个人价值，赚钱养家糊口，把公司做大然后卖掉，还是为了换一种生活方式？

（3）我想做一个什么样的企业？我们的长远目标是什么？三年目标是什么？一年的目标又是什么？

战略第二关：你怎样赚钱？

松下幸之助说过："企业家的使命就是赚钱，如果不赚钱那就是犯罪。"英特尔公司的首席执行官格鲁夫也说过，一个企业家赚钱叫道德，企业家不赚钱就是缺德。因为，如果企业家不赚钱，就生存不下去，就会给社会、家庭和团队带来严重的伤害。

我们思考如何赚钱，实质上也就是企业的商业模式问题。很多企业最终失败，就是因为对这个问题没有很好的考虑和把握。"怎样赚钱"这个大问题，也可以通过以下小问题来思考。

（1）"真正的"顾客是谁？我们最终为谁提供产品和服务？他们在哪里？有什么共同的行为特征和价值需要？购买者、影响者和使用者分别是谁？

（2）我们提供什么产品和服务？为什么这些产品和服务对顾客是重要的？我们能带来什么独特的价值？顾客为什么改变之前的购买习惯，不买竞争者的产品，而是买我们的产品？我们的产品和服务是不是满足了顾客的需要？

（3）我们以什么方式提供产品和服务？从为顾客创造价值的方面考虑，哪些环节需要加强，哪些可以减少，哪些需要新增，哪些需要去除？

战略第三关：你有没有实现目标的能力？

理想和现实之间是有差距的，企业想做什么是一回事，能不能做成又是另外一回事，后者尤其需要理智地去考虑。这个大问题可以分解成下面几个小问题。

(1) 最重要的能力是什么? 我们感受变化的能力怎么样? 我们获取和整合资源的能力怎么样? 我们进行外部合作的能力怎么样? 我们服务客户的能力怎么样? 哪些能力是我们已经具备的, 又有哪些能力需要提升?

(2) 我们需要哪些资源? 如何获取?

(3) 我们怎样建立起自己的声誉和品牌? 声誉和品牌对我们有多重要?

战略第四关: 你怎样行动?

很多企业的失败, 不是由于没有好的战略, 而是缺乏执行力。战略只有落实到日常工作中才有意义, 才会真正产生价值。这一关可以通过下面几点来攻破。

(1) 要实现企业的经营目标, 最重要的是什么?

(2) 为完成这件最重要的事, 我们要采取什么具体行动?

(3) 我们接下来 30 天的行动计划是什么?

战略第五关: 你需要说服哪些利益相关者?

在社会分工越来越细的今天, 要实现经营目标, 要执行发展战略, 光靠企业的员工还远远不够, 创业者还必须争取尽可能多的利益相关者的支持。请思考以下问题:

(1) 谁是我们的利益相关者? 利益相关者包括员工、顾客、供应商、公众、政府部门乃至竞争者。

(2) 他们应当知道什么? 我们希望从他们那里获得什么支持?

(3) 我们应当怎么样跟他们沟通? 对不同的对象当然要采取不同的沟通方法。

看似简单的问题, 很多创业者闯关下来其实汗流浃背。不过, 这确实是你创业活动的试金石，是骡子是马，先在自己心里遛一遛，玩战略攻关允许犯错，市场可是残酷无情的。

选择一种适合你的战略

用正确的人，在正确的时间，选择正确的战略，一个创业企业的战略选择也并不困难。战略之父迈克尔·波特的三种基本战略类型是应用最广泛的战略理论。我们分别看看这三种类型，探讨一下哪种适合创业者借鉴，说实话，我认为只要你做到其中一点，创业想不成功都很难。

1．争做最便宜的

金融危机以来，全世界都在追求低成本。因此，低成本肯定是制胜法宝之一。实施成本领先战略，意味着你的企业不是要开发昂贵的高端产品，而是要生产廉价的大众产品。这种战略成功的先例不少，正是工业化和低成本使过去上流社会的奢侈品，走进了寻常百姓家。

福特汽车在 20 世纪初期，通过流水线作业把 T 型车价格从 850 美元降到 200 多美元，钢铁大王卡内基把每吨钢材的价格从 50 美元降到十几美元，得益于规模化经营。不过规模效应对大多数创业企业而言，显然并不现实，但想方设法降低自己产品或服务成本的思路则是一致的。

另外，你还必须和竞争对手保持足够的价格差，一旦这个价格差不足以抵御竞争对手的品牌和个性魅力，成本领先战略就会失败。福特的 T 型车虽然价廉，但随着人们收入的增加，T 型车已渐渐不能满足消费者的需求。竞争对手则通用在舒适化、个性化和多样化等方面下工夫，以产品的特色为卖点，推出了雪佛兰汽车，一上市就取得压倒性的优势。

中国企业已经非常善于以低成本的方式进行竞争。20世纪80年代，浙江有的创业企业连赚一分钱的生意都做，就连现在已经成为全球最大集装箱起重机生产商的上海振华港机，进入美国和欧洲市场都是用这种策略。但是，成本领先战略有一个致命的风险，那就是后来者的模仿。你不可能永远是最便宜的。基于这种战略对创业者的低可行性和风险，一般不建议创业者采用成本领先战略。

2. 赢在"不一样"

今天，绝大多数市场都是竞争较为充分的成熟市场，如果创业者的产品和服务没有体现出"差异"和"个性"，那你就要慎重考虑了，贸然冲入一片红海中，结果很可能是落败。

差异化战略是利用价格以外的因素，为顾客提供与众不同的价值。如果你选择差异化战略，那么成本和价格可以放在第二位考虑。最重要的是"标新立异"，这可能是别出心裁的设计，也可能是技术上的独家创新，或者是客户高度依赖的售后服务——但是，只有顾客认可的"标新立异"才有价值，不能是企业一相情愿的想象。

如果你有出奇制胜的"差异化"，那么任何时候进入一个市场都不为晚。例如，一般烤箱是利用"加热器"来烧烤食物，夏普推出的高温蒸汽烤箱则是利用"水蒸气"蒸烤食品，夏普说服消费者，这种新烤箱的加热过程有去除多余油脂、盐分，保留维他命C等效果。夏普的差异化在于走"健康路线"，虽然上市比较晚，售价更高，但却很快打开市场，分得极为可观的一杯羹。

戴尔，这个曾经名不见经传的小公司，如今在PC机市场上的地位稳如磐石。戴尔创业成功的关键就是建立网络直销模式，这正是它的差异化，当时，IBM通过传统渠道向企业用户销售个人电脑，康柏则通过零售商店，戴尔公司与众不同的销售方式一举取得了成功。反观我们的许多创业企业，在一不缺资金、二不缺技术的情况下，往往因为缺乏靠谱的创业战略而夭折，令人深思。迅速进入市场，卖出产品、赚钱是创业者生存的关键，但是很多创业者都是先有技术，再找市场。

我们本土企业也有令人津津乐道的案例，感冒药"白加黑"就是其中的典型。当时，在中国的药品行业，康泰克、三九等企业凭借雄厚的实力和铺天盖地的广告割据市场，看起来几乎没有留下任何空隙。但是，盖天力在短短一年时间里，从一个初次开发感冒药的新企业，一跃成为与康泰克分庭抗礼的挑战者。

过去的感冒药含有"扑尔敏"，病人服用后很容易瞌睡，这就给大多数上班族带来不便。盖天力注意到感冒药容易引起瞌睡这一副作用，并发现这是一个巨大的市场缺口。于是，盖天力开发出一种新的感冒药组合：白天不瞌睡的感冒药——白片；晚上睡得香的感冒药——黑片。这就是"白加黑"。"白加黑"在投放市场仅仅半年内，便一举夺得了全国 15% 的市场份额。

我建议所有的创业者，从差异化的角度多动脑筋，只要能提供独特的、客户认可的价值，企业的存活率就更高，创业者更可能开拓出一片可观的蓝海。

3．弱水三千，只取一瓢

大家都知道，将最强的火力集中在最小的靶点上最有可能成功，一束激光可以穿透铜墙铁壁。创业者的资源一般都很有限，因此，创业者的生存之道是专注而非多元化。

百事可乐和可口可乐最能说明专注的威力。即使是百事可乐和可口可乐之间，也存在着"谁最专"的较量。最近几年，百事可乐把业务扩展到土豆片、肯德基炸鸡、必胜客比萨饼等，还把几十亿美元投入了饭店等资金密集型行业。可口可乐依然有条不紊地做饮料，全部利润都来自饮料业。

结果，多元化经营的百事可乐员工人数上涨到 48 万，仅次于通用汽车和沃尔玛，成为世界第三大法人型雇主。可口可乐只有 3.3 万名员工，而盈利是百事可乐的两倍。显而易见，百事可乐偶尔"出轨"的多元化也并没有给它带来超额的效益。

太阳神、巨人、三株、秦池、飞龙、乐百氏……，你还记得这些品牌的名字吗？虽然"巨人"复活了，但摇身变成网游的"巨人"已非昔日"巨人"。当年史玉柱耐不住寂寞，从脑黄金延伸到房地产领域，导致最后资金链断裂。

专注真的很难吗？面对多元化战略的诱惑，富于开拓精神的创业者很难耐得住寂寞。理论家们说，实施多元化战略可以"东方不亮西方亮"，"规避风险"，"整合资源"。有这么好的事？无数企业家的眼泪告诉我们，"多元化仙境"是一个险境，走不好就会落入陷阱。很多企业在经过了一定的资本积累之后，会尝试走多元化发展之路，不过结果往往与预期差距很大。

多元化为什么输多赢少？我们看看"咯咯哒"的创始人韩伟与多元化的故事，或许能从中得到启发。韩伟是东北第一个敢于贷款的农民，过人的胆识和韬略是大家公认的。在人们瞠目结舌中，韩伟建立起中国第一家非国有制的企业集团，并已发展到 100 万只蛋鸡的饲养规模。这时，韩伟开始研究一个概念，那就是"企业发展的多元化"。

韩伟的心得是："过了半年，我就发现不对了。为什么？我是养鸡的，搞农业起家，别的产业我不懂啊。盲目做自己不懂的事情，就是违背了企业发展的规律。违背规律的事就不能做，一定会受到惩罚的。"

在武侠小说中，高手一般都很寂寞，做品牌也是一样。企业如果耐不住寂寞，就可能得"红眼病"，就可能忘乎所以，就可能一失足成千古恨。微软、索尼、奔驰、IBM、可口可乐这些世界顶级品牌很单纯，它们从来不盲目进入自己不熟悉的领域，哪怕遍地是黄金。Google 和 Yahoo 开始的时候都是做搜索，现在 Google 甘于寂寞反倒越活越靓，像碗清炖燕窝；Yahoo 什么都做，整得"四不像"，跟一锅大杂烩似的。

所以，我建议创业者要专注，不要花心。做好自己的战略规划，做出自己的特色来，不仅要活下去，还要活得好、活得长。

第四章 卖羊肉串能不能上市？

· · · · ·

　　在商业世界里，有什么办法可以点石成金？答案是：找到好的商业模式。只要有赚钱的好办法，卖羊肉串的也能上市融资。君不见，卖火锅的小肥羊上市了？管理大师彼得·德鲁克早就说过，企业之间的竞争早就不是产品之间的竞争，而是商业模式之间的竞争。

　　商业模式看似深奥，其实，我直白地告诉你，商业模式就是企业通过什么方式来赚钱。电力公司通过收电费赚钱，书店通过卖书赚钱，报纸通过广告和发行赚钱。被称做疯子的史玉柱干了什么？他第一次用在全国农村刷墙头做广告的模式卖脑白金，搞成功了；后来用免费模式搞网游，也成功了，这就是商业模式的威力。可以说，从早期靠收购国库券发财的杨百万，到后来有人收购当初不能上市的法人股，其实都是商业模式。

新模式带来老行业的春天

　　商业模式是战略的一部分，几乎每一个人都确信，有了一个好的商业模式，成功就有了一半的保证。最近有不少企业家问我，是不是只有高新技术企业才能在创业板上市？我认为不是的。即便是传统行业，只要商业模式新颖，就有胜算。我们前面也说过，要找到好的商业项目，一个很重要的方向就是用新的模式来做老行业。

例如，服装是一个典型的传统行业，但奇才李亮硬是创造了 PPG 模式。PPG 并不自己生产衬衣，也不自己送货，而是把加工环节和物流环节都外包出去，深耕中间的运营平台。PPG 的分销渠道也是商业模式的另一个亮点，它不像传统服装企业那样建立复杂的分销渠道和实体店，而是通过网络和电话来实现直销。它的销售策略就像戴尔的直销模式，快速、敏捷、成本低廉。PPG 后来进行了第四轮融资，累计获得金额一亿多美元。虽然最后李亮还是倒在成功的前夜，自己到美国当寓公了，但你不能否定，这种"商标加水泥"的模式或许就是在中国这个制造业大国最简单的成功模式。卖衬衣的已经有后来者，原卓越网创始人陈年创办的 VANCL 凡客诚品现在生意就挺火暴的。

再说小肥羊，火锅店传统得不能再传统了，但小肥羊能把火锅店发展到去香港上市，归根到底还是赢在商业模式的创新。所以，请大家注意，创新并不局限于技术。毫不夸张地说，如果有创新而有效的商业模式，卖羊肉串的也可能上市融资。

网络让一切不一样

前面我们说过，在中国这个制造业大国，"商标加水泥"的模式或许是最简单的成功模式。下面，我将为大家介绍，一些赫赫有名的企业是怎么样在网上做传统的事，并获得巨大商业成功的。大家看看别人通过什么方式赚钱，希望能够加深对"商业模式是什么"这个问题的理解，能为你的创业思路额外带来点灵感就更好了。

Ebay——在网上做经纪人

经纪人也是古代就有了，我们知道，唐代的时候，经纪人叫做牙子、牙郎。他们的盈利方式是从"撮合"的每一笔交易中，收取一定的中介费用，有时候向买家收钱，有时候向卖家收钱，还有时向买家、卖家双向收费。

Ebay 其实就是把经纪这个老行当搬到网络上。最早它是通过一种拍卖的方式，把买家和卖家联系在一起。Ebay 起初允许买家通过竞价购买卖家的商品，这种模式后来作了改进，卖家也可以将他们的商品以一口价销售。Ebay 利用杠杆效应和互联网的力量，将买家和卖家低成本地连接起来。

这种模式最好的地方在于，经纪人只专注于一件事，就是保证买家和卖家能够顺利达成交易。Ebay 早期对买家和卖家的满意度方面并不提供保证，后来，它不断改进，现在也介入卖家／买家关系中，以保证某种程度上的客户满意度。

亚马逊——在网上开商店

在日常生活中，我们身边的零售商随处可见。我们知道，零售业中的巨无霸有沃尔玛、家乐福等。至于互联网零售商的典型，我们可以看看亚马逊。

亚马逊最初是卖书的，但现在，亚马逊已经不再单靠图书、CD 和 DVD 等商品赢利，其他商品的营收已占到营业额的 40%。他们以大而全著称，你几乎可以买到你能想到的所有东西，包括活跳蚤。因为亚马逊的产品类别极其丰富，所以赢利的口子非常宽。

根据亚马逊 2009 年第一季度财报，除图书、CD 和 DVD 等传统商品营收增长了 7%，电子产品和其他日常用品的营收增长了近 39%，真正是在金融危机中的逆势增长，其中我们可以看到，图书之外的产品贡献很大。

亚马逊的思路是：网络平台＋供应链平台＋仓储平台。他们管理号称是世界上最大的货物配送工作，你可以想象，亚马逊公司的仓库有多大，他们的供应链该有多复杂，在管理存货方面，要选择正确的存货。当客户下了订单后，要处理订单。

除了在 B2C 平台上通过商品交易获取差额赢利，亚马逊的 C2C 平台也同样强大，这也给亚马逊带来了丰富的交易佣金收入。另外，由于拥有足够大的用户群，亚马逊的广告收入也很可观。作为一家电子商务公司，亚马逊还有很多其他的赢利模式，比如出租网上商场、拥有强大 IT 系统的仓库，为其他公司搭建系统等。

Google——搜索广告大赢家

大家对于传统媒体的广告已经很熟悉了，大部分报纸、杂志和电视台主要是靠广告支撑的。

进入互联网时代，广告"进化"了。登在报纸上的广告，我们很难知道读者到底有没有去看，哪些读者会看。但是在网上，我们可以通过点击量去了解有多少人对它感兴趣，谁对它感兴趣，点击这条广告的浏览者很可能是购买那类商品或服务的潜在客户。新浪等门户网站就是靠浏览量和点击率来赚钱的，这叫"眼球经济"。

但是，早期的互联网广告遭到广泛的质疑，比如网页上的条幅广告，因为用户已经习惯忽略这些广告，条幅广告的点击率因此大幅下降。这时候 Google 和百度等搜索引擎进行竞价排名。Google 一方面允许客户对某些搜索关键字进行竞价，另一方面根据各个合作网站的内容投放广告。现在，Google 是全世界市值最高的网络公司之一，到目前为止，Google 收入的 99% 来自搜索广告业务。

Netflix——订阅模式的典范

订阅模式也是我们司空见惯的，大家都从邮局订阅过报纸、杂志。

它的基本模式就是客户支付一段时间的费用，不论是以天计算，或是以月计算，或是以年计算来订购一定的产品或服务。

1997年的时候，哈斯汀的DVD租赁店入不敷出，他灵光一闪，关掉了门店，在网上办了一个"Netflix网上DVD租赁公司"，他开创了一种前所未有的订阅服务：顾客一次最多可租借三张DVD，允许无限期续借，只需支付21.99美元的月租费。优惠的价格最终成功帮助Netflix起死回生。2002年，Netflix在美国纳斯达克上市。

再如，现在，我们在更多的情况下会订阅一份软件，而不是一次性购买一份软件，安装在计算机上。例如诺顿的杀毒软件，我们支付年费，以获得一年的使用权，到期再续费。

上面所说的四种商业模式，都是把传统的生意搬到网络上，就是用不同的方法做相同的事，用新的方式提供相似的产品或服务。Skype也是一个典型例子，简单地说，它提供的服务与传统电话公司差不多，主要是电话业务。但是它的服务平台是基于网络建立的，这使得它能够最大限度地压缩成本，同时在全球范围内开展业务。Skype提供的是其他公司已有的服务，但它的资源和分销渠道却非常新颖。所以，Skype获得了巨大的成功。

越简单越美丽

我们知道，无论在自然界还是人类社会，美好、高效的东西从来都不复杂深奥，而是简单明了的。我讲战略的时候说过，创业者的战略简单一点好，首先就是要活着。商业模式也是一样的道理。

有一位创业者用了三年时间，把公司从十几万美元做到三千万美元的规模，并成功融资上千万美元。他的公司究竟在做什么呢？简单地说，他的商业模式就是"在超市的收银机旁边放台打印机"。

原来，他的主要业务是根据消费者在超市内实际购买的东西，在收银处向消费者实时打印、发放个性化的优惠、促销和广告等，以吸引他们下一次购买。比如，一位消费者买了尿布，就向她发放下次购买奶粉的优惠券。通过这种精准营销，可以实现品牌厂商、零售商和消费者三方的"共赢"。现在，他们的销售网络已经覆盖全国 300 家零售大卖场，并且与一大批知名品牌建立了合作关系。

这种商业模式很简单，但能有效地为客户创造价值，因此更容易成功。可见，好的商业模式一般是简单的，而且它就隐藏在日常生活之中。

简单的商业模式可以让投资人更容易理解、判断其可行性和市场价值。可以告诉大家，我的大多数同行都认为，如果你在 30 秒的电梯游说过程中，无法解释清楚你的商业模式，这个模式很可能有问题，因为它不够直接明了。相反，如果你的商业模式一句话能说清楚，一眼能看透，而且能为用户创造明显的价值，就很容易吸引 VC。百度在纳斯达克上市取得历史性的成功，其中一个因素就是，它的商业模式可用"中国的 Google"几个字解释，这是低成本资本市场沟通的一个范例。

而且，如果商业模式太复杂，千头万绪，运作起来往往很困难，可行性不高。崔西定律认为，执行步骤越多，工作的难度越大，失败的几率就越高。对于创业者来说，做太复杂的事情，失败的风险更高，随便哪个环节捅了娄子都可能给你致命打击。事实证明，过于复杂的模式也许可以赚钱，但很难成就世界顶级的企业。

商业模式不是一成不变的

大部分创业者在商业模式上最大的误区是：他们忘了商业模式是可以逐渐改变的。不少创业者认死理，一条道走到黑。哪怕条件不成熟也要硬上；环境和自身都改变了，模式还不愿意改变。结果就是把自己害死了。

　　我先给大家举一个"变"的例子。1992 年，郭凡生创立慧聪公司，二十多个员工骑自行车，在中关村的大小商户中穿梭，每周编一本《慧聪商情》，把各商家的产品价格放在一起比较，每刊登一条信息，商户要向慧聪付费。慧聪早期的商业模式获得了成功。但是，后来模仿者趋之若鹜，"商情模式"变成了一片红海。于是，慧聪开始以刊加网的模式做信息，推出慧聪网。这是慧聪面对现实竞争形势，并抓住互联网机遇的"善变"。2003 年，慧聪在香港创业板成功上市。上市之后，慧聪曾把大量资金投入中国搜索和从事电视广告业务的华媒盛视上，可这两家公司持续出现亏损。无奈，遭遇滑铁卢的慧聪国际开始用"减法"进行调整，全力专注于 B2B 电子商务领域。

　　我们再看一个失败的案例。我们知道，顺驰地产用高价拍地，并把从拿地到销售之间的时间压缩到了最短，操盘速度几乎达到了房地产项目的极限。在牛市中，顺驰高价拍到的地建成出售时不能算贵，但是，市场一冷，它的速度必然会受到制约。即使在顺驰的鼎盛时期，顺驰模式也成为房地产业界和媒体口诛笔伐的对象，顺驰何时倒下，以何种方式倒下竟成为热点话题。

　　大家都意识到，顺驰模式并不是一个可持续性的模式，因为它的根本就是速度，最大的支持是市场背景，也就是说，它是牛市下的抢跑。果然，宏观调控一来就宣告了它的死期。

　　"速度"是顺驰模式的关键词，顺驰只用了三年时间，由一个默默无闻的小公司成长为地产巨鳄，又因速度而崩塌，可谓成也速度，败也速度。

　　可见，"穷则变，变则通，通则久"，这也是适用于商业模式的。更新你的产品，这叫做变脸；更新你的组织，这叫做变形；如果根据大势改变商业模式，这意味着你经营企业的思路变了，赚钱的方式变了，所谓"审时度势"的智慧，尽在于此。

未来流行用"免费"来赚钱

过去，我们一直认为"天底下没有免费的午餐"。但是，在互联网时代，这个观念已经落伍。首先，免费午餐并不意味着企业要把食物白白送掉，或消费者将变相为其付费，而是表明，其他人会替你付账。第二，在信息时代，带宽一天比一天便宜，并将无限接近于免费。

其实，在日常生活中也有免费的例子，例如在超市里派送糖果，或给婴儿的母亲赠送尿布。但是，派送食物需要花钱，厂商只能免费赠送极少数量的产品——他们希望以此引消费者上钩，从而卖出更多的商品。但在互联网上，赠品与付费品的比例完全颠覆。一个典型的网站通常遵循 1% 法则，只要有 1% 的用户付费，就可以支撑其他 99% 用户。Flickr 网络相册就依靠每年 25 美元的专业版账户支持了无数的免费用户。这种模式的可行之处在于，服务于其他 99% 的用户，成本低到可以忽略不计。

"免费"的商业模式将成为未来趋势。互联网的一切都与规模有关，你的用户越多，便可以将成本分摊到日趋庞大的用户群上；与此同时，你的技术也将变得越来越完善。数据处理的设备成本无关痛痒，技术的单位边际成本渐趋于零。

其实，我们已经习惯于每天在网上品尝免费的午餐。《纽约时报》和《华尔街时报》的大部分内容都可以在它们的网站上免费阅读，新浪等门户网站的内容也是免费的。在游戏产业中，最红火的就是各种免费的在线小游戏。而谷歌的所有产品或服务都免费。

便宜与免费之间的距离不能用金额去计算，两者之间有天壤之别。传统的经济学认为，需求是有弹性的，一旦价格上升，用户量将直线下跌；但事实上，零价格（免费）是一种市场，其他价格的却是另一种。"接近于零"和"零"之间存在着巨大的心理差距，因此，谷歌永远不会出现在你的信用卡账单上，雅虎放开磁盘驱动空间，无限量存储时代的到来也是迟早的事情。

那么，具体来说，企业是怎么样用"免费"来赚钱的？免费当然不意味着你把自己的心血白白送给别人。市场并不只是买方和卖方之间的博弈，最常见的"免费"商业模式是三方参与的。前两方通过免费交换创造市场，第三方则付费参与。这种模式传统媒体早已经运用，《北京娱乐信报》是免费的地铁报，报社免费为消费者提供内容，广告客户为此埋单。即使是收费刊物，出版商也只对读者收取相对很少的费用。他们的商业模式不是向读者卖报纸或杂志来赚钱，而是将读者卖给广告客户实现盈利，这就是传统的三方市场模式。

免费模式应用在互联网上，是零边际成本的，在线音乐就是很好的例子。在数字复制品和P2P传输方式的推动下，发行在线音乐的实际成本几乎为零，也就是说产品本来就接近免费。法律、加密保护技术以及其他协议在"免费"的强大趋势下都不攻自破。一些娱乐公司主动把歌手的音乐放在网上，作为一种低成本、高效率的宣传方式，通过开演唱会、卖正版唱片、播放许可证来为音乐埋单。

把思路更敞开一些，我们可以大胆地说，货币已经并非是世界上唯一稀缺的。时间和注意力越来越值钱，所以才有"注意力经济"、"眼球经济"一说。如果你想对它们进行一下换算，可以求助于Google，从页面排名到流量，再到广告收益，它们的价值已经可以量化。任何能始终如一套现的事物，其本身就有一种流动性，因此，Google在这里扮演着中央银行的角色。免费世界的存在多数是为了获得这些稀缺的有价资产，而这正是新商业模式的基础。

第五章 打造好团队"两要一不要"

．
．
．
．

> 很多人以为有了技术和创意就可以让VC给你钱，
> 我很负责任地告诉大家，其实不是这么一回事。我
> 们VC最关心的不是技术和创意，而是人。你要明白，
> VC不单是在赌一个投资项目，重心是赌这个企业的
> 团队。如果没有好团队，急脾气的同行可能会毫不
> 客气地拔腿就走。

创业团队的致命误区

硅谷流传着一个"规则"，由两个哈佛的MBA和麻省理工的博士
组成的创业团队，几乎就是获得VC青睐的保证。事实上，这是一个
误区。

很多创业者以为选合作伙伴像选恋爱对象，重视专业的互补性。
通常，有一个人想到一个创意，或发现一个商业机会，他就开始组建团
队，看看自己有什么，缺什么，就找一个互补的合作伙伴。比如我懂技
术，就找懂销售的你；我内向，就找外向的你。太阳微系统公司创业之
初，维诺德·科尔斯勒倒腾出多用途开放工作站的概念，再找了三个人，
分别是软件专家、硬件专家和管理专家，组成一个典型的互补团队。

能力和技术的互补性是大多数创业者组建团队时重点考虑的因素。
我不是要质疑互补的团队，互补当然好，但是，就像谈恋爱一样，你设

定一些条件，找到符合这些条件的人，这个人你就一定喜欢吗，一定合适吗？换句话说，互补是好事，但并不是成功的保证，也不是一个团队中最重要的因素。

其实，真正的团队是磨合出来的，不是设计出来的。就像两个相爱的人，在一起总有磨合期，磨合好了才有可能白头到老。在研究案例时，大家往往从表面去分析成功企业的团队，只看到互补，其中的磨合过程往往不为人知。有人说万科的王石与郁亮简直是"天作之合"，王石负责演讲，郁亮负责挣钱；一个唱红脸，一个唱白脸。那么，是不是任何两个分唱红白脸的人都能凑成一个明星团队？当然不是。即使这样的两个人刚好到一起，也要写好剧本、排练，要沟通、妥协，才可能默契地飙戏。

真正的明星团队是磨合出来的

众所周知，三打白骨精时唐僧的取经团队刚刚组建，师徒四人的价值观、性格、经历、心理状态截然不同，师徒的之间沟通不足，默契程度不高：悟空火眼金睛，但性急，遇事不请示领导；八戒贪色、偷懒、馋嘴，喜好溜须奉承和邀功；沙僧负责挑行李，吃苦、老实，但悟空与八戒相互较劲内耗，他的协调工作效果不明显。同时，唐僧的领导水平不高，战术上轻敌，对取经的危险认识不充分，固执己见；辨别真伪的能力有待提高；激励手段不足，且有家长做派，动不动念紧箍咒，在逆境中的情商不高，遇到挫折撂挑子，团队的管理控制系统调节失效。

这时候的取经团队虽然有了各种能力和专长的互补，但也几乎具备了所有失败团队的特征，唐僧落入白骨精的魔爪也就顺理成章了。经历这场灾难后的取经团队能够吸取教训，亡羊补牢，尽管经历了不少挫折，但是团队的磨合逐渐演变为一种默契，最终取得真经。那么，团队磨合有什么技巧？我认为主要有几点：

第一，创业团队一定要有碰撞后形成的一致的创业思路，成员要有共同的目标远景，认同团队将要努力的目标和方向，同时还要有自己的行动纲领和行为准则。这些其实就涉及到团队文化的建设问题了。

第二，以法律文本的形式确定一个清晰的利润分配方案。把最基本的责任权利界定清楚，尤其是股权、期权和分红权，此外还包括增资、扩股、融资、撤资、人事安排、解散等等与团队成员利益紧密相关的事宜。

第三，团队成员的沟通渠道要保持通畅。团队遇到问题要沟通，解决问题时也要沟通，有矛盾时更要沟通，沟通的时候要多考虑团队的远景目标和未来的远大理想，多想有利团队发展的事情。

团队磨合的一个反面例子是易得方舟，我曾经辅导过的创业企业，当时作为大学生创业的典型例子很受媒体关注。团队成员都是清华大学的高才生，分拆开看个个是明星，但组合成团队却是典型的 $1+1 < 2$。他们之间的分歧、争执不断，一直到企业失败，都没有得到很好的解决。后来，团队中的成员"单飞"后大都比较成功。可见，团队磨合决定着创业成败。

所以，不要想当然地去组建团队，而要注意磨合，在磨合的过程中，因为利益格局而最终稳定下来的团队才有真正的价值。在金融危机中，搜狐畅游登陆纳斯达克。搜狐畅游上市更多的是为了稳定核心游戏团队。由于搜狐游戏部门成立较晚，畅游团队成员并未能分享到搜狐的股权。而此次搜狐游戏分拆上市，是为了让创业团队获得现实的利益。

创业初期，创业团队的成员大都是朋友，如果能通过磨合建立默契，那最好不过。但是，不少创业团队都要经过痛苦的"洗牌"，或许有的人不认同理念，或许有的人不认同这个利益格局，或许有的人不称职。事实上，即使是最理性、最富于经验的职业经理人，也最害怕解雇员工。创业初期的人员变更是很大的问题，但必要时再难也要换，要有果断换人和"洗牌"的勇气。

不要为你的雇员打工

我听到很多高新技术企业的创业者说，他们的技术实力不足，技术人才匮乏，招到好的技术人员太难了。

中国的高新技术小企业，典型的是软件企业，技术人员工资比老板高，压力比老板小，脾气比老板大，风险比老板低。我见得最多的是这类企业，老板整天看核心技术人员的脸色，而销售总监总是被炒鱿鱼。这就是典型的"为雇员打工"。

创业者需要知道，首先，技术不是企业成功的关键因素，更不是唯一。科技型创业者经常过分关注技术，围着技术转，如果最后不成功就说这个技术不够好。不要因为某种技术好，就去创业来推广这种技术，我遇到持这种想法的创业者太多了，而且不撞南墙不回头。正确的做法是，先去了解市场的需求和客户的需求，再去找相关的技术解决方案，这样成功的可能性更大。所以，最核心的问题是根据市场去制定你的产品，关键是要倾听客户的声音。

其次，技术人员是企业的重要资源，但不是大牌明星，不是大厨，不能违背企业赚钱的基本道德。

阿里巴巴创业阶段，马云招聘第四个负责写程序的工程师。有一个香港小伙子名叫 Tonny，他当时只有 20 岁，但已经算得上香港的IT 高手。Tonny 的父亲是马云的朋友，是父亲介绍他到阿里巴巴应聘的。马云一见 Tonny 开口就说："每月工资 500 元。"Tonny 一惊："这钱还不够我给加拿大女朋友打电话的。"马云掉头就走。Tonny 与阿里巴巴的几个同行谈过之后，又找到马云："我还是在这儿干吧。"

大家都知道马云不懂技术，他对技术人员的态度是：非常尊重技术，互联网发展到今天离不开技术，但不是技术第一。技术的运用非常重要，如果一项技术不能为人所用的话，技术人员的价值就体现不出来。

马云不干预技术细节，但要干预技术设计的原则，他自称是阿里巴巴技术团队的"质量管理员"，他说："正因为不懂技术，我把懂技术的人请来，尊重他们，让他们发挥。有些技术人员编好一个程序，设计好一个软件的时候，非常激动。我说激动也没用，如果我不会用，说明85%的人都不会用，所以还是扔掉，如果我会用，大多数人才会用，所以我变成公司的质量管理员。"

向刘备学做领导

一个企业的成功绝对不是一个人坚持的结果，而是一个团队坚持的结果，那么，如何在最困难的时候让你的团队不离不弃？今天的史玉柱、马云，古代的刘备都告诉我们全部的秘密：作为老板，当你不能给员工足够的物质利益时，你所能够让员工信赖的就是你的内心真诚和你的坚定理想。

很多人说，论军功、论谋略、论文章、论业绩，刘备哪一点比得上曹操？尽管他的作战能力不如曹操，命运坎坷，颠沛流离，但他身上却有着一种不可思议的领导力。

刘备识人善用，关羽和张飞是冲锋陷阵、有万夫不当之勇的大将，刘备通过桃园三结义给二人戴上紧箍咒，关羽和张飞为了兄弟情义，甘愿给刘备打天下。诸葛亮是三国时代最具智慧和雄才伟略的大谋略家，为刘备的礼贤下士和贤明折服，鞠躬尽瘁，死而后已。老将黄忠抱定忠臣不侍二主的决心，终究顶不住刘备的感情攻势，投其麾下。这支团队在经历了许多艰难坎坷之后，最终赢得了三分天下有其一的胜利。

可见，刘备是一个非常有领导力的人。

在那种大动荡的年代，刘备的道德修养显得格外引人注目。领导者的真诚是团队不离不弃的真正原因。今天，我们喜欢用人格魅力来诠释刘备式领导力。令人信赖的人格魅力是领导力的基础。如果你无法令人信赖，即使你身份高贵，或者善于花言巧语，人们也只能对你将信将疑，甚至可能因为对你的极度不满，而反抗你的领导力。

柳传志把以个人魅力取胜的领导者成为"孔雀型"，与之相对的是"老虎型"，以发号施令来树立威信。在大家熟悉的企业家中，史玉柱与马云就属于孔雀型，非凡的凝聚力是他们的共同特征。无论怎样被外界误解，无论公司陷入什么困境，他们的追随者始终没有放弃对他们的信心。

史玉柱二次创业初期，在很长一段时间，身边的人连工资都没得领。但是有四个人始终不离不弃，他们后来被称为"四个火枪手"，都是史玉柱大学时期的"兄弟"：陈国、费拥军、刘伟和程晨。在他们看来，史玉柱是个重情重义的人。五年前，陈国因车祸去世，史玉柱连夜从兰州飞回上海，整个企业停掉业务给陈国办后事。此后每年清明，史玉柱都会带着公司高层去祭奠。与史玉柱一起爬过珠峰的费拥军，说起追随史玉柱多年的理由，用的是"亲情"一词。在公司财务困难的时候，程晨甚至从家里借钱来援助史玉柱。

再来看看马云，他创业的时候，初期的 50 万元是十八名员工一起凑出来的。除此之外，CFO 蔡崇信当初抛下美国一家投资公司 70 多万美元的年薪，来领马云 500 元的月薪；首席技术官吴炯曾经是雅虎搜索引擎和电子商务技术的首席设计师。这些人在阿里巴巴刚刚起步的"贫穷时期"，被马云聚在了一起。九年后，这十八个人中有做到总裁级的孙彤宇，也有还是经理的麻长炜，但没有任何一个人从阿里巴巴流失。

团队建设是创业企业无论如何不能轻视的，输了团队，很可能全盘皆输。注重磨合，检视领导者的凝聚力，是一个创业者需要做好的功课。至于最后稳定下来的利益格局有很多种，通常是由团队的博弈来决定的。

第六章　用最便宜的方法创造奇迹

．
．
．
．

　　这一章我要讲的是如何用最便宜的方法让全世界知道你，用专业的术语讲就是营销自己。前面章节中我讲到过史玉柱这样的营销怪人，虽然并非每个创业者都有这样的奇才，也并非每个创业者都以营销取胜，但你不能否认，有人就是可以用很少的钱做出石破天惊的事情。

　　有一句古老的谚语：战争太重要了，不能仅仅让将军来决策。惠普的创始人之一戴维·帕卡德则说：市场营销太重要了，不仅仅是一个市场部门的事。事实上，很少有企业仅凭技术优势一枝独秀；相反，除了造币厂，任何一家现代企业都无法不做营销就生出钱来。

　　听起来市场营销是一件很有压力的事情，不成功便成仁，其实，创业者很可能通过别具一格、行之有效的市场营销，开拓出一大片市场。我之所以准备跟创业者们好好谈谈市场营销，还有一个主要原因是，市场营销绝不是砸钱，最激动人心的市场营销可能很便宜，只要有足够的创意，任何一个创业企业都可能点石成金。

市场细分是第一步

建立一个企业自己的市场营销战略，需要"三步走"——市场细分，目标市场选择，市场定位。

企业的一切市场营销战略，都必须从市场细分出发，因为世界上根本没有任何一种商品可以卖给全人类。没有市场细分，企业就如同"瞎子摸象、大海捞针"，无法锁定自己的目标市场，你甚至不清楚自己的产品为谁生产、卖给谁，一切行动便可能无的放矢，后果不堪设想。

什么叫市场细分？举一个简单的例子可以说明。如果你生产手表，想一想市场上有几类消费者？

美国钟表公司将美国的手表市场划分为三部分。第一部分的消费者想以最低的价格购买"能计时就行"的手表，也就是要购买最基本的功能，这部分占美国手表市场的 23%；第二部分消费者愿意以较高的价格购买计时更精确、更耐用或式样更好看的手表，也就是说要购买高质量，这部分占美国手表市场的 46%；第三部分的消费者想买名贵手表，可以炫耀、收藏，追求的是象征性或感情性的价值，也就是说他们要购买作为奢侈品的手表，这部分消费者占美国手表市场 31%。

市场细分的依据从哪里来？我对我辅导过的创业者说：听取客户的意见，是获取市场份额最便宜、最好用的方法；而听取他们的幻想，是开辟新市场的灵感来源。请注意，是听取客户的幻想，而不是你自己的幻想。创业者都很聪明，但有时也容易自以为是，把自己一相情愿的想法灌输到消费者身上。例如，大多数消费者喜欢购买便宜而好喝的啤酒，有一家啤酒公司却坚持生产自以为象征品位，最"地道"而且价格不菲的啤酒，消费者不买账，结果企业把自己害惨了。多跟顾客交谈，有一句名言是这样说的："倾听就是最好的营销。"有条件的创业者可以做个专业的市场调查，用数据说话，既有助于企业的决策，又能加大劝

VC 投钱的胜算。

相信大家已经认识了市场细分，并建立了市场细分的意识，不过市场细分是一个技术活儿，下面我们开始"进阶"。 以饮料市场为例，我们看看几家巨头的市场细分方式。

20 世纪 90 年代初，汇源推出 100% 纯果汁，并将产品线先后从鲜桃汁、鲜橙汁、猕猴桃汁、苹果汁扩展到野酸枣汁、野山楂汁、果肉型鲜桃汁、葡萄汁、木瓜汁、蓝莓汁、酸梅汤等。在短短几年时间内，汇源就跻身中国饮料业十强企业，销售收入、市场占有率、利润率都名列前茅，一时在果汁饮料市场炙手可热。

1999—2001 年，统一成为雄心勃勃的闯入者。以统一"鲜橙多"为例，他们选择了年轻、时尚的女性作为目标市场，首先推出时尚、便携的 PET 瓶，广告词也力求俘获年轻女性的"芳心"："统一鲜橙多，多喝多漂亮。"鲜橙多所有的广告、公关活动和推广宣传都围绕年轻女性来展开，如在一些城市开展的"统一鲜橙多 TV-GIRL 选拔赛"、"统一鲜橙多阳光女孩"及"统一鲜橙多闪亮 DJ 大挑战"等。统一这一举措的成绩惊人，2001 年，统一仅"鲜橙多"一项产品销售收入就近 10 亿元，在第四季度，统一的销量已经大大超过汇源。

大家可能已经看出来了，胜负的关键不是好喝、健康或者价格，而首先在于市场细分这个技术活儿做得怎么样。

汇源对果汁饮料行业进行了广度市场细分，把喝果汁的人细分成"喝木瓜汁的人群"、"喝野酸枣汁的人群"、"喝野山楂汁的人群"、"喝果肉型鲜桃汁的人群"、"喝葡萄汁的人群"、"喝蓝莓汁的人群"等。

广度细分就是目标细分市场可以直接形象地描述。比如说，把市场分割为中老年人、青年人以及儿童，人们都能形象地知道这些细分市场的基本特征。由于这种细分法简单、易于操作，大部分企业都可以掌握。不过，广度细分法比较粗糙，只有在市场启动和成长期才比较好用。正因为这样，汇源才能一鼓作气，在竞争初期的果汁饮料市场有了话语权。

但是，在市场竞争比较激烈，甚至趋于白热化的时期，比较粗糙的广度细分法就不管用了，因为企业跟顾客建立的关系"不痛不痒"，也就谈不上什么忠诚度了。统一找到"年轻的时尚女性"这一目标细分市场，已经是诉诸情感性因素，对目标细分市场进行了深度挖掘，我们称之为深度市场细分。这时的目标市场也从有形转向无形，更加复杂化和抽象化，企业对消费者的关注也从外在因素进入心理层面因素，并集中火力，运用差异化的深度沟通策略，赢得"芳心"，并不断培养顾客忠诚度，最大限度地阻隔竞争对手。

圈定我的地盘

经过前面的市场细分阶段，大家可能发现了一个又一个商机，正处于兴奋状态中。那么，目标市场选择就是要泼一盆冷水，让企业学会放弃。因为资源有限，我们不得不放弃一些市场，而将有限的资源用到"刀刃"上。

选择目标市场时，我们一般要考虑三个要素：目标地域、目标人群、目标需求。以《三国演义》的故事打个比方，刘备正是在正确分析竞争者和消费者的基础上，选定了正确的目标地域——被曹操与孙权忽略的蜀中，锁定了正确的目标人群，并迎合了他们的目标需求——蜀中百姓渴望安定、尊崇仁君，从而为日后的市场地位奠定了基础。

那么，我们应该放弃哪些市场？怎样判断哪个市场对我们来说最重要、胜算最大？哪个市场与你的实力相匹配？要回答这些问题，不能"拍脑袋"，而要综合考虑各种因素。

首先要考虑市场规模大小。企业进入一个市场是期望能够有利可图，如果市场规模过于狭小或者趋于萎缩状态，企业进入后难以获得发展，例如"把时尚的高跟鞋卖给老太太"就不太乐观。对于我们的创业者来说，还应该重点考虑市场竞争强度以及进入难度。另外，还要看清楚自身的资源和优势，不要急功近利。只有扬长避短，找到有利于发挥企业优势的目标市场，才不至于在庞大的市场上瞎撞乱碰。

前面我们提到美国钟表公司的细分市场调查，他们紧接着也面临着细分市场选择的问题。当时，美国几家著名的手表公司都以"高贵的"消费者作为目标市场，生产"奢侈品"的手表。而需要低价或者高质量而实惠手表的消费者占 69%，这部分需求远远未得到满足。

美国钟表公司意识到，一个充满生机的潜在市场就在眼前！于是他们根据实惠型消费者的需要，生产出一种物美价廉的手表，提供一年内保修的售后服务，并建立新的销售渠道，通过商店、超市、平价商店等渠道大力推销，很快提高了市场占有率，一跃成为世界上最大的钟表公司之一。

我的地盘听我的

通俗地说，市场定位就是跑马圈地，选定目标市场后，就要想办法去占领它。创业者对潜在产品进行预定位，必须从零开始。首先要使产品特色确实符合所选择的目标市场，但市场定位的真义不是标新立异，甚至不是你对一件产品本身做些什么，而是你怎样去影响潜在消费者的意见，使顾客明显感觉和记住你和竞争对手之间的差别。

我们先来看一个有趣的案例。冰天雪地的大冬天，在一所高校门口，一位老太太守着两筐大苹果叫卖，但极少有人光顾。一位好心的教授给老太太支招：到商店里买来一些时尚的红彩带，苹果两两扎在一起，高声叫卖："情侣苹果，十元一对！"路过的大学生情侣们都觉得新鲜有趣，用红彩带扎在一起的一对苹果也很别致可爱。老太太的苹果很快被抢购一空。

这是一个成功的市场定位小故事。老太太对她的产品——苹果进行重新定位，并赋予新的价值，制定新的营销组合。本来大冷天里想吃水果的人就少，即使想吃水果，人们也可能选择到超市、水果店里买，因为店里品种齐全，光苹果就有富士、青苹果、蛇果等种类。老太太卖苹果，相对于她的竞争者——超市、水果店没有优势。但是，她独辟蹊径，把"吃"的苹果改造成"爱"的象征，专门卖给大学生情侣，新市场定位就使她本来滞销的苹果大受欢迎。

我们再来看一个失败的例子。宝洁公司曾在中国隆重推出一个沐浴品牌——"激爽"，对其寄予厚望，砸了近10亿元人民币做广告，但最后落寞收场。虽然对于一个新产品来说，激爽的表现并不算差，但是相对于宝洁的预期，尤其是相对于大手笔的广告，这个成绩显然不能令宝洁高层满意。我们分析，问题出在市场定位不明确。

作为宝洁第一个专门针对中国市场创立的本土沐浴品牌，激爽最初定位为"清爽加振奋"，并大打"廉价牌"，价格直逼"六神"。从价格上看，"激爽"针对的是较为低端的大众消费者。"低价"策略一度奏效，但后来被竞争对手的"更低价"击退。

宝洁对"激爽"的市场定位是针对年轻人，信条是"消费习惯是培养出来的"，但对于被低价吸引的消费人群，宝洁倡导的"激情的生活，爽快的感受"不太来电。

而且，激爽的广告诉求对于它的购买者来说太过超前。洗澡带来的舒缓和高端心灵体验在欧美十分普遍，但在国内，普通消费者对沐浴露的价值需求主要是清洁和清凉、止痒、除菌、滋润和香味等，要接受这个概念还有一定距离。一些高端消费者又因其价格等原因把它列入低端范围，不予考虑。因此，宝洁在价格上走低端，概念上又想高攀，市场定位不明确，营销组合错乱，导致高不成低不就。

另外，市场定位并非一成不变，而是需要随着社会趋势、消费偏好的改变作出调整。例如，自行车是传统代步工具，上世纪50年代美国年产销400万辆，随着私家车的普及，下降为年产销130万辆。后来，自行车行业把自行车重新定位为健身休闲用品，增加了品种，外形也更加时尚。于是，销量很快有了新的突破。

疯狂的营销

狄更斯在《双城记》的开场白中说："这是一个最好的时代，也是一个最坏的时代。"在草根为主的自媒体时代，如果提起网络营销，你只能想起新浪等门户网站的横幅广告，那建议你赶紧补课，不然这个时代对你来说很可能是最坏的。

现今人们可以这样认为，至少四分之三的广告开支可以说是颗粒无收。在大媒体时代，人们对硬广告越来越疲劳和厌倦。所以，对创业者来说，即使广告大户拔根汗毛比你的腰还粗，但是，记住你可以四两拨千斤，不花钱也能创造大奇迹。

在奥巴马跟希拉里的党内竞选中，在财力对比上，希拉里背靠大财团，奥巴马这边则是紧巴巴的中小企业。但是，奥巴马的营销却甩了希拉里几条街。像在视频网站 YouTube 上，有一个名为《奥巴马令我神魂颠倒》的视频：身着比基尼的名模埃廷格在奥巴马照片旁大摆火辣 pose，边跳边唱："我等不及 2008 大选，宝贝，你是最好的候选人！你采取了边境安全措施，打破你我之间的界限。全民医疗保险，嗯，这使我感到温暖……"这段视频在 YouTube 已被播放超过 900 万次，评论超过 100 万条。奥巴马能入主白宫，类似的营销新招功不可没。

英特尔也很"囧"

芯片老大英特尔正在为改变自己冷冰冰的形象而煞费苦心。把英特尔跟很草根的网络流行词"囧"绑在一起的，正是他们自己。英特尔上线了一个名为"英特尔破囧"的网站，汇集了上班族张小盒与网络红人小胖遭遇囧境的搞笑视频，并号召广大网友上传办公室的囧事和关于科技破囧的各种建议。

这只是开始，英特尔不是一时头脑发热，而是真的下决心跟"囧"干上了。他们策划了一部网络博客话剧——《破囧英雄6+1》，并在北京上演。这部话剧以六篇博客构成，全剧的推广也在网络进行。在演出之后，英特尔还将话剧视频完整地搬上网络，这成为第一部以网络为传播平台的博客话剧。

芯片老大为什么主动放下身段，跟草根网民们一起"囧"？英特尔开始实施平民化的品牌战略了。英特尔中国的市场总监说，科技能改变人们的工作和生活，你可以辞职，但辞不掉工作。面对繁复的工作压力，我们更应该拥有一种向上的精神和态度，不断寻找应对的方法，而科技能在其中成为一个利器。

根据权威机构 CNNIC 统计显示，中国已经有大约 3 亿网民，而且以每天 20 万的速度增长，已经超越美国成为互联网第一大国。网民几乎包括了所有企业想要的目标人群，任何一个有雄心壮志的企业，不论大小，自然都无法忽视网络营销。那么，你准备好了吗？

"弄假成真"引爆大流行

大家都知道披头士乐队，其实，他们早期一直苦于打不开局面，人们长期以来形成的品位顽固地排斥着这种反传统的"新玩意儿"。

后来，乐队的经理人派人前往各大城市，到处购买披头士乐队的唱片，并故意到已售缺的商店三番五次地催问下一批唱片的到货时间，还向电台、电视台询问购买出售唱片的邮购商店的地址。从各地收购来的大量唱片又转手批发和零售出去，从而伪造出披头士乐队"很红"的假象。经过这样几个月的来回循环折腾，披头士乐队真的成了媒体、商店和大众的宠儿。再后来，我们都知道，披头士火遍全世界，影响了一代人，英国甚至在数年之内借此平衡国际财政收支。

没有谁不知道刀郎，可刀郎是怎样火起来的，大家摸不着头脑，好像一夜之间到处都是"2002年的第一场雪"。其实，刀郎所属的唱片公司要求所有的销售网点每天至少放两三小时刀郎的歌，还向很多 KTV、超市、商场等人流密集的场所赠送光盘，于是，一时间大江南北"处处闻刀郎"。除此以外，刀郎所属的唱片公司还把他的唱片批发给各地的盗版零售店。也就是说，卖盗版光盘的地方也有刀郎的正版唱片，而人们普遍认为有盗版的唱片就是畅销的。于是，刀郎在全国人民心中"红了"。

披头士与刀郎的营销方式异曲同工，都是通过制造"我很红"的假象，最后"弄假成真"上位。流行是大众的趋向性思维和行为，而且，我们不得不说，追求流行的消费者多少有点感性和盲目。流行可以是自然地形成的，也可以是人为制造的，甚至可以是蓄意"伪造"的。所以，有人说，抱怨竞争加剧，其实是在责怪自己没有太多创意。只要有绝妙的点子，低成本同样可以开拓市场，甚至制造流行。

话题营销

在纽约车展上，香车美女争奇斗艳，奥迪 A3 跑车的展台上却空空如也。取而代之的是三个告示牌，上面写着："**注意：如果你有关于丢失的奥迪 A3 跑车的任何线索，请即致电 1-866-657-3268。**"随后，奥迪 A3 跑车的信息和图片在互联网上广为传播，近百万车友动员起来找寻丢失的跑车。尽管在车展上奥迪 A3 没有露面，但它的形象却最为深入人心。

这是一个典型的话题营销案例。企业通过策划具有名人效应、新闻价值以及社会影响的事件，来吸引媒体和消费者。如果话题新鲜稀奇，往往容易成为人们津津乐道的热点，因此能迅速提高企业和产品的知名度。

传统广告投入巨大，极少有创业者能够承担得起，而且砸进去的广告费很可能打了水漂。相比之下，话题营销通常太便宜了，借助网络的病毒式传播，可能你的企业今天只是默默无闻的小虾米，明天就成了行业里的风云巨子。

英国一家在线美容产品销售商在网上发布信息，要招聘 10 名俊男美女，将公司的网址印在他们的眼皮上，让他们对陌生人眨眼，对陌生人眨眼一千次就可以得到 100 英镑的报酬。很快就有 600 人在网上提交申请，公司选择了其中 10 人，"眨眼"活动引来英国乃至国际媒体纷纷报道，公司的网站浏览量大增，并得到上千个外部链接。

不过，话题营销的效果来得快去得也快，终究是一时的辉煌。要使话题营销赚来的关注度转变成美誉度、忠诚度，最终还要依靠卓越的产品、服务，千万不能本末倒置。

"博"一顿免费的午餐

英国有一家小葡萄酒厂。它起步时没多少钱，也没有在英国投放任何广告。他们创业阶段唯一的营销工作，就是向博客们送出大约 100 瓶葡萄酒。只要满足以下两个条件，博客们就可以收到一瓶免费的葡萄酒：

第一，住在英国、爱尔兰或法国，此前至少三个月内一直写博客；

第二，达到法定饮酒年龄。

收到葡萄酒并不意味着你必须为此写博客——你可以写，也可以不写；可以说好话，也可以说坏话。

博客营销的结果怎么样呢？在此之前，用 Google 搜索这家公司只有 500 项查询结果。开展博客营销活动三个月后，Google 上的查询结果增加到 2 万多项。他们估计，有 30 万人通过博客知道这家公司。在不到一年的时间里，他们的葡萄酒销量进入行业中等水平。

在网络时代，越来越多的人对博客越来越依赖，有一群人甚至将博客当做一种沟通媒介，一种日常生活不可或缺的媒体。因此，博客逐渐变成全新的营销战场。

最初是一些有创意的小企业自觉进行博客营销，例如一些美容、化妆行业的小公司，甚至是淘宝网店，在博客上不断发布美容新知，网罗一批忠实消费者，形成了自己的小圈子。

现在，很多国际知名的大企业也纷纷盯上博客这块大蛋糕。除了前面提到的英特尔"囧"营销，耐克更是博客营销的典范。2006年，阿迪达斯独家取得了美国转播世界杯赛事的广告权，耐克被迫在世界杯营销中独辟蹊径。耐克决意尝试一种新的形式：网上博客社区。2006年2月，耐克和Google联手推出足球迷社交博客网站，来自140多个国家的注册会员围绕他们最爱的球队、球员撰写博客，并组织临时的竞赛，上传及下载球赛视频。

耐克惊喜地发现，博客对塑造耐克品牌的作用超乎想象，那些一个广告做到底，突出一只大鞋，指望它能带来巨大影响的日子一去不复返。博客作为一个被看好的分众营销手段，已经得到越来越广泛的应用，甚至出现了一批博客营销咨询师、博客营销外包服务。

影响有影响力的人

在BBS、博客里，一般是20%的活跃用户创造80%的内容，并影响其他80%的用户，这20%有影响力的用户可以称为"意见领袖"。

耐克在一个不大有名的网站——Gawker Media上做了个专题，主题是"速度的艺术"，目的是树立自己的品牌形象——追求速度艺术的专家。Gawker Media的访问量并不算多，每月大约只有40万—70万人访问，按理说耐克这样的大牌应该不会把这点人数放在眼里。但耐克的首席执行官说，关键不是数量，而是质量，Gawker Media的网民不仅有创造性，而且有良好的社会关系，也许人数并不太多，但关键在于他们是一个非常有影响力的群体。耐克的营销目的是：先把追求速度艺术的理念传播给"意见领袖"，然后再通过意见领袖引爆流行。

那么，谁是意见领袖？明星属于意见领袖的一种，企业之所以热衷于花重金请明星代言，是因为明星对粉丝的带动力很强。但我们在这里讨论的主要是非名人的意见领袖，一般企业也可以用很低的成本影响他们。意见领袖群体可能是热衷于尝新的人，经常体验新东西，而且自己体验之后也喜欢对别人讲，这样就带动更多的人购买，这类意见领袖大多是年轻白领和时尚人士。

第二类意见领袖群体是消息灵通的"小喇叭"，他们可能不会去买你的东西，但是对消费资讯非常敏感，就像一本消费的百科全书，甚至知道哪天哪个品牌要降价，哪天哪个品牌要促销，并且积极散布这些信息，这类意见领袖以女性为主。

第三类意见领袖群体是交际能手，交游广阔，加入很多圈子，混人缘混脸熟是他们的处世格言，在圈子中起着润滑剂的角色，这类意见领袖主要是成功人士、政府官员等有一定社会地位的阶层，以及社区里的中老年人和家庭主妇。

创业者可以寻找能够引爆你的产品的意见领袖，影响一个意见领袖，可能相当于间接影响上百个人。而且，在被广告轰炸的时代，人们对企业说出的话可能有戒心，但意见领袖不仅传递信息，而且具有一定的公信力，所以意见领袖传播的效果值得期待。

互动之火可以燎原

自从有了开心网，很多人上班第一件事不是看新闻，不是上 QQ、MSN，而是打开开心网，抢车位、看好友动态，有的甚至半夜起来刷新，难怪企业领导们要"集体封杀"开心网。送车、贴条、占车位、买卖朋友、随意发起的投票、模拟炒股，还有不断收到的"骚扰邮件"……在开心网上，原本在公司里基本不说话的男女同事，可以互相赠送"内裤"、"玫瑰"，开心网作为"半陌生用户"情感交流的桥梁，黏性极高。

Web2.0 最大的贡献就在于互动，这也是它与传统媒体最大的区别。它通过关系把人们联系在一起，分享观点、价值，并进行交流和

沟通，形成"让大家告诉大家"、"一传十、十传百"的口碑传播。在
BBS、SNS 等社区内网站，信息、媒体、受众形成"三合一"的局面，
人人都成了信息源的传播者、制造者，比传销更公开、更迅猛、更可信
的病毒式营销正在悄悄地侵蚀每一个网民。一不留神，人人都不知不觉
成了"病毒携带者"。

互动的力量有多大？2008 年 3 月，可口可乐公司推出了"火炬在
线传递"活动，QQ 用户在争取到火炬在线传递的资格后，就获得"火
炬大使"的称号，他们的 QQ 头像上也会出现一枚未点亮的火炬图标。
如果在 10 分钟内，该用户成功邀请其他用户参加活动，图标就会被点
亮，同时他会得到可口可乐火炬在线传递活动"专属 QQ 皮肤"的使用
权。受邀请的好友就可以继续邀请下一个好友进行火炬在线传递。以此
类推。

可口可乐提供的数据显示：在短短 40 天之内，该活动就"拉拢"
了 4000 万参与者。平均每秒钟就有 12 万人参与。网民们以成为在线火
炬传递手为荣，"病毒式"的链式反应一发不可收拾，"犹如滔滔江水，
绵延不绝"。

没有一个词比"互动"更能描述网络时代的精髓。很多企业在网
络营销中虽然投入力度较大，但大都忽视了与消费者的互动，只停留于
"单边轰炸"，而没有发展为"双边对话"。创业者们还等什么呢？想办
法让尽可能多的人为你"动起来"吧！

销售就像战争，卖东西就是一场征服。而营销如同宗教，是一轮
影响与被影响的博弈。人类已经并且正在为征服别人的愚蠢想法付出惨
痛代价，事实证明，所有的征服都是暂时的。影响则是以间接或无形的
方式来塑造人们的行为、思想、价值或情感。顾客今天买你的东西，明
天可能毫不犹豫地转向你的竞争对手。但如果顾客接受了你的影响，可
能终其一生不会改变自己的思想和情感，这便是高阶营销的奥秘。

第七章　创业者"自杀"的九种"死法"

．
．
．
．

　　创业者要成功，只有为数不多的办法；要失败，却有无穷的花样，有可能是别人挖了陷阱让你跳进去，也有可能是你自掘坟墓。在我接触过的创业者中，有些思维怪圈是很多人都跳不出来的，下面是我发现导致创业者"自杀"最典型的九大"死法"。希望不管是哪一个阶段的创业者，都可以时不时对照一下，看看自己有没有不知不觉犯这些错误。因为，听到下面这些说法，不仅 VC 会大皱眉头，而且创业者很可能因为这些想法把自己辛苦经营的事业输掉。

"只要想出一个好点子，我就能轻松赚大钱。"

　　幻想某天忽然有了一个好点子，然后就开始赚大钱，这一定是初次创业的人不切实际的想法。

　　事实是，创业要成功，好点子并不是充分条件，甚至不是必要条件。例如微软，看看它的整个发家史，几乎没有任何一个独创的好点子。相反，微软其实是通过模仿对手的想法，在竞争中打败对手，独步天下的。

　　没有任何一个 VC 会因为一个好点子给你投钱。要知道为什么，自己亲自去做就知道了。首先，你需要验证你的好点子是不是能够实现，有没有技术支持，是不是能够变成可以赚钱的产品或者服务。其次，你这个产品解决了什么问题，有多少人感兴趣并且愿意购买，如果市场很小，你还是赚不到钱。再次，即使确实是一个很有前途的好点子，你需要成立公司、组建团队、招兵买马，你是不是能够找到人去做这件事？跟好点子相比，执行力更重要，你有没有能力汇集各种资源，做成这件事情？产品出来了，你是不是能够把它销售出去？

在成果转化中心、高新技术园区等等地方，项目库里有无数的好点子，大多数是已经有技术支持的，但因为缺少团队、资金等资源，仍然在沉睡。所以，好点子顶多算是一个好的开始，离赚钱、成功还很远很远。

"这里竟然没有竞争对手，我发现了一片蓝海！"

创业者说这句话时，可能是发自内心地兴高采烈。但VC听到这句话可高兴不起来，如果你所处的行业没有竞争对手，最有可能的理由是：它根本就不能赚钱。这个世界上有60亿人口，一个有利可图、规模还可以的市场，几乎没有什么理由不曾被人发现。

即使你确实发现了一片没有人涉足的市场，比如说你要做一种前所未有的节能冰箱，而且你能证明这种冰箱确实有市场。但是你刚刚打开局面，海尔可能很快后来居上，它可以花很多钱打广告，它的技术队伍更强大，它的品牌效应好很多很多，它的销售渠道更不用说了。最有可能的结局是，你被挤到你所发现的新市场的角落。

最好的消息莫过于你的竞争对手都很菜。你要进入的市场规模很可观，而且绝大部分的公司都运作得不是很好。他们技术不成熟、管理团队比较弱，或者他们的员工队伍素质低下，而你的实力比他们强，可以打败他们。

所以，创业者不要试图证明自己没有竞争对手，而是要做得比竞争对手更好。

"把产品做出来，自然会有人买。"

产品和市场，看起来是一个先有鸡还是先有蛋的问题。技术派的人更容易认为，只要做出好产品，自然有人会买。有时候确实如此，Google 就是个好例子。但是，Google 是个特例，更多的企业面临这样一个事实：它们的产品因为这样或那样的原因卖不出去。

有一位 VC 分享他自己的创业经历：在 1993 年，他创建了一家公司，做一种新的高速局域网通讯设备。当时的标准是 10M 的传输速度，但他们能够提供高达 500M 的传输速度。他们在面世之后的五年内，一直都是市场上性价比最高的网络设备。

在技术层面上，他们应该可以打败所有的竞争者，但是，他们跌了一个大跟头。直到关门，连一件产品都没有卖出去。原因很简单：它与局域网标准不兼容。如果当时他们做足功课，先做好市场调查，就会知道兼容性是一个致命的大问题。不要以为这是傻瓜才犯的错误，创业者大多数都很聪明，但这样的错误很典型。

在国内，浙商很有名。他们不一定是做高新技术创业的，但是，他们一定会做市场调查。尤其是温州人，都会做"田野工作"去了解真实的市场。否则，你公司开了，资金投入了，研发做了，产品做出来了，但是现实让你绝望——你没有生意。很多创业者看市场是凭模糊的经验，也就是想当然。他们觉得这样的产品应该是有市场的，然后就埋头去做，以为产品会一鸣惊人。其实，不要"想"市场，要实地去看、去问，跟你的目标用户去交谈，这样才能确保你做出来的产品有人买。

"哪怕只占有 1% 的市场份额，也会赚大钱。"

商业永远充满不确定性，有人说"预言是失败的艺术"，有时候确实如此。你不可能预测自己的公司会赚多少钱，也无法确切知道要花多少钱去占领市场。所以，很多创业者厌恶财务预测，觉得 VC 真是"事儿"，这个东西根本不现实嘛！

以此为基础，很多创业者会认为商业模式也是假的，"这么大的市场，只要占有哪怕是 1% 的市场份额，我们也会赚大钱"。这样的说法直接暴露出一个现实：你根本没有仔细分析用户的需求，或者，不客气地说，你根本不懂市场。创业者也许同样会说："100 个客户中至少会有一个客户买我们的东西吧。"坦白地说，这一点也不能肯定。这样的逻辑是完全站不住脚的，不要以为你进入一个足够大的行业，比如有上百亿美元的规模，你就至少能分一杯羹，比如分个一两亿。你这样的想法很可怕，VC 绝对会敬而远之。

"我有一个好项目，需要 100 万启动资金。"

"我有一个好项目，绝对能颠覆市场。我急需一笔钱，100 万，我要招兵买马、购置设备、研发产品、打广告做市场、制造门槛防止竞争对手进入、开发下一代产品，最后在纳斯达克上市。"

我认为，拿着一个创意去找钱，基本是浪费时间。如果你的项目真的很好，那就用自己的钱先做起来。像真功夫、一茶一座，人家先做了，挺火的，这样 VC 才能知道这是不是真实的市场机会，你是不是有能力把事情做好、做大。

创业者可能在心里想：我没有钱自己做啊，不然还找 VC 干什么？这又是一个思想误区。创业者要知道，VC 不是给你雪中送炭的，而是锦上添花，投钱给你，目的是给他们的资本增值。等你做好了，VC 会抢着给你投钱。如果你什么都没有，只拿着一个创意空谈，机会不能说绝对没有，但是很小很小。

不仅"空手套白狼"不靠谱，我还劝告过很多创业者，如果你口袋里只有 8 万块，就不要去做需要投入 10 万的项目。如果资金不足，你最后可能还是会失败。不要心存侥幸，心想不如先做着看看，钱不够就找 VC。启动资金最好由创业者自己准备好，口袋里有足够的钱粮再创业。

"我发现了很多机会，不搞多元化大赚一笔就太可惜了。"

为什么创业板要求主营业务突出？不光是中国创业板，世界上很多国家的创业板都有这条，即使没有明文规定，投资者心里也有杆秤。企业多元化并非不可取，但首先要抵住诱惑，戒掉捷径，将企业擅长经营的事业发展到极致。如果你的实力没有强大到可以抵御任何风险，就不要随便涉足不熟悉的领域，而是要专注地做自己熟悉的事情。

诱惑来自很多方面，还不止是多元化，也不一定是出于贪婪。我辅导的一名创业者已经创业十年，他说，自己没能做大，最大的问题就是没有拒绝诱惑。他所说的诱惑是什么呢？他认为自己不够专注，他分析的原因是，作为一个企业的头儿，他总是不得不比较悲观地考虑明天，他要为公司几十号人去考虑他们的饭碗、他们的发展。所以他时不时去尝试，看看有没有更好的方向，或者说，万一这个行当明天做不下了，提前给自己"留条后路"。

诱惑还来自很多方面，比如，在中国做企业，如果真的做到"四不一没有"——"不向官员行贿，不偷税漏税，不拖延给工人发工资，不违反标准排放污水，没有往产品里掺三聚氰胺"，就是一个优秀的时代标杆了。但大批民企叫苦连天，说这是不可能的。我们知道环境不太干净，但如果你也去搞脏东西，你就可能倒掉，大环境不能作为免责的借口，这方面例子太多了。

说到拒绝诱惑的模范，现今中国的企业界首推王石。正是王石拒绝了很多诱惑，才成就了今天的万科。王石拒绝了什么诱惑呢？

首先，王石拒绝了多元化的诱惑，他只做房地产。大家都知道三九药业，三九药业乍一听应该是做药的，但是它有钱以后什么都做，房地产、进出口贸易、食品、酒业、金融、汽车等领域无不涉足，先后收购了近60家企业。而万科是先多元化，后来坚决地走专业化道路，只做房地产。很直观的结果是，多元化的三九药业在2004年亏损2亿元，而万科已经成为中国最大的房地产企业。

其次，王石拒绝了暴利的诱惑，万科"超过25%的利润不做"，已经坚持了十多年。王石经常说，市场是公平的，企业从暴利中获得的利润，最终都会全部交还市场。道理是简单的，但谁敢说自己也能做到？

第三，王石坚持不行贿，他可能是唯一敢在公开场合宣布从不行贿的中国企业家。

我认为，拒绝一个诱惑比抓住一个机会更重要。很多创业者以为，凭灵感或直觉就可以赚钱，但事实上，真正的企业家却越做越小心。拒绝心血来潮或想当然，拒绝似是而非的机会诱惑，才是他们笑到最后的法宝。有时候拒绝和坚持一样重要，懂得拒绝是一种优秀的企业家素质。

"我认为产品这样设计最好。"

这种想法的错误在于：你对产品的看法没有任何意义，重要的是客户的想法。创业者往往会很自然地假设，如果我们的团队都认为产品很好，那么其他成千上万的人也会这样认为，客户也会喜欢。有时候你的看法刚好跟顾客一致，但大多数的时候不是。

为什么？有时是因为你是专家，而且你很聪明，可以设计出这么好的产品，那么在这个领域，你比产品的使用者更资深。你的客户是使用者，他们的口味可能比你平庸。就像时尚界，专业的时尚人士看好的设计往往不太好卖，因为买家的审美观往往要慢一拍，不会马上接受、欣赏太超前的东西。

总之，客户不需要你的解释，只需要自己喜欢的产品。顾客不会犯错，永远不会。犯错的只会是企业，而创业者将为这样的错误付出惨重的代价。

"凡事靠自己，这样总可以降低风险吧？"

很多搞技术的创业者都坚信：一个人所掌握的知识比他认识的人更重要。"靠自己"的观念可以说是根深蒂固，但是，对于一个创业者来说，人际关系比知识重要。

我并不是说学问没有用，但商业活动是很复杂的，谁都不可能拥有做一家企业必需的所有知识和经验。所以，我们非常重视创业者的团队，光杆司令不可能做好一个企业。如果没有志同道合、值得信任的伙伴，创业活动可能搞不起来，或者很容易失败。

在创业初期，老板亲力亲为并没有错，而且可能是没有办法的事，老大其实是老小，因为一开始可能只有两三个人跟你一起创业。但是，随着企业的发展，聪明的创业者会下放权力。柳传志总结联想管理三要素：搭班子、定战略、带队伍。搭班子是位列第一的。没有信得过、靠得住的团队，创业公司很难迈过规模这道坎儿。

企业做到有三四十个人的时候，你会发现管理、分工的必要。创业者如果还事必躬亲，就会成为问题了。这时候应该给大家一定的空间，给中层管理者合理的犯错空间，即使错了也要让他去试。这是创业者管理转型最困难的阶段，因为你会发现，下面的人不断经历你自己经历过的错误，这是非常痛苦的，你可能看不下去了，忍不住自己来做。但你千万不能自己动手，否则一切又回到原点，你一个人做所有的事情，这是不现实的。要给他们足够的空间，并保持适当的距离，你直接管理好几个向你报告的人就行了。

"我一定要上市，我一定会上市。"

现在的创业者，讲故事时一定要谈谈上市，好像不想上市就不是好的创业者。对于 VC 来说，如果你真的有能力做到上市，可能他们会更感兴趣。但是，对你自己来说，你真的要上市吗？

潘石屹在博鳌论坛上说："要解决我们的精神信仰问题，不管你有多少钱都要死的。"创业者有没有认真想过：你真正想要的是什么？其实很多人一心要上市、圈钱，是因为他看到很多人都那么做，其实自己并没有想清楚为什么那么做。现在有很多创业者说资金紧张，是因为把自己吊死在一棵树上，那就是"要干大事"，好像所有人都要干大事，其实并不是这样的。

我问创业者："想上市吗？"大家都说想。那么，"为什么要上市呢？"除了"圈钱"，好像就没有别的了。创业、做生意都是按照商业的基本追求来做的，但是人的理想不见得都是要做大做强的，关键是我们长期以来生活在错误的空间，被财富的神话"洗脑"了，其实如果你有一天回头看，可能会发现，当初想要的并不是现在这样的生活。

所有的 VC 都希望自己投资的企业能上市，做梦都想。因为企业上市，对 VC 来说是最好的退出渠道。这就是为什么创业板越近，VC 砸钱越起劲，创业板对 VC 来说是个绝大的利好消息。所以，在这里跟创业者们如此这般讨论要不要上市，是一个 VC 难得的"真心话大冒险"。

总结一下，对创业者来说，重要的是客户，客户的重要性怎么强调都不为过。要想创业成功，一个好点子是远远不够的，好点子到处都是。商业成功需要有一个好点子，然后组织一个好团队，把好点子做成好产品，最终把产品卖给客户。看起来很简单，其实很不容易。

第八章　为大学生、MBA和经理人创业者把脉

．
．
．
．

　　金融危机，越来越多的人失业后的选择是读MBA，国内的几所名校，例如中欧国际商学院、长江商学院等生意都很好。但是，就我所见来说，大学毕业生、MBA、经理人作为现在创业的主力，并不一定是最成功的。

　　我们上海市曾经做过一个创业调查，结果发现，近年来创业者的学历在提高。原来很多创业者可能只有初中、高中文化水平，现在更多是有大学本科甚至硕士、博士学历的人在创业。"精英创业"有什么不同之处呢？他们创业的水平、企业的起点和发展空间不可同日而语，可以说是有效地提升了经济发展的水平和层次。

　　无论是大学毕业生、MBA还是经理人，这些创业者本身受过良好的教育，大多没有生存的压力，他们选择创业是为了理想、为了创业机会、为了事业的发展。我们更支持这样的"机会型"创业。他们都可以用"精英"来形容，在创业时都有各自的优势和软肋。下面，我分析一下这三类创业者的软肋，然后有针对性地提出一些建议。

大学生创业：理想很美，实践很痛

十年前，大家还在讨论大学生该不该创业，现在的焦点已经变成大学生如何创业了。政府、学校、社会都在想怎么样促进学生创业。我在高兴之余有些深深的担忧。

我对大学生就业并不了解，但对大学生创业一直很关心。我担任全国学联的"中国大学生创业导师"、"挑战杯"大学生创业计划大赛等比赛的评委，而且我们投资过几百个青年创业者的项目，其中也有大学生的创业团队。所以，我自认为对大学生创业是有发言权的，而且有很多话想说。当然，囿于篇幅，只能长话短说了。

四问大学生创业热

首先，大学生自己准备好了吗？创业要从心理、组织、知识、资源等方面做很多准备工作。学生毕业以后马上转战商场，连备战的时间都没有。

大学生想创业，就要有很强的心理承受能力。创业计划没有实施之前，你还可以称做"创业大学生"。一旦创业开始，从计划项目实施的那一刻起，你的身份就不再是"大学生"，而是一个真正的创业者。商场如战场，没有谁会因为你由大学生转变为创业者，而对你有所照顾。只要参与竞争，就势必要面对失败的可能。所以，大学生在创业之前，就应该具备承担失败后果的能力。

其次，我们的教育体系准备好了吗？现在，我们的高校教育体制不仅不能培养企业家、经营者，估计连培养合格的"雇员"都很难。我亲眼看见过，一个名牌大学的企业管理系硕士毕业生，在工作之初，连配个营业执照的镜框都不会。不是那个硕士有问题，而是我们的教育体制有问题。回到创业的话题上，学校能给创业的学子们什么帮助？

其三，我们的政府准备好了吗？政府的职能究竟是什么？政府是该致力于构建和谐、公平的环境，还是该忙着在熙熙攘攘的商家中寻找特别眷顾的对象？我怎么感觉政府有点"不务正业"，或者是"缘木求鱼"呢？

另外，就我投资的企业的成长过程看，国家给青年创业者政策和资金优惠是必要的，但另一方面，过多的扶持意味着竞争强度的减弱，这些"好意"是否真正有利于企业的成长，需要再思考。毕竟，创业者的身份不再是学生，面临的是完全商业化的竞争。

其四，我们的社会准备好了吗？对年轻的学生创业者来说，不管你在学校里是不是绵羊，一旦做了企业，你就得与狼共舞。问题是，看看我们现在的现实商业环境、游戏规则，仅仅是"共舞"吗？真的有那么优雅吗？我担心的是：不要让原本的羊在现实中最终异化成带血腥和黑暗属性的恶狼。

这四个问题，恐怕是所有人应该思考的。

软肋：缺乏经验和资源

大学生创业有他们的优势，比如说激情。创业本来就充满理想主义的色彩，所以，即使面对怀着很幼稚、很单纯的梦想的创业者，希望大家也不要随便打击他们，而是尽量鼓励和帮助他们。

在我担任评委的大学生创业计划大赛中，最终只有不到10%的参赛者选择了创业，而且其中只有少数能成功。失败的原因是多方面的，但最重要的原因之一，就是大学生创业者缺乏经验和资源。

大学生拥有的理论知识不少，但解决实际问题的能力还不够。在创业大赛中，很多团队被淘汰的主要原因都与社会经验不足有关。不少大学生创业者没有市场调查的意识，而只是进行理想化的推断，例如：如果我们的产品有1亿人购买，每件产品就算我们只赚1元，我们也有1亿元的利润。有这种心态的创业者不少，但在大学生中更明显、更普遍。

而且，大学生缺乏对社会的了解，缺乏法律等专业知识和企业管理经验。创业越往下走，这些不足就越容易显现。有一个大学生创业者因为对合同法不了解，又轻信了合作方，曾经轻率地签过一个"不平等合约"，使企业遭受严重的损失。

缺乏资源也是致命的。首先，大学生创业者往往没有管理资源，团队成员大多是大学同学、好朋友，阅历和资源不比自己好多少，又没有金钱、渠道去组建一个好团队。其次，大学生大多没有资金，能找VC成功要到钱的大学生创业者少之又少。再次，没有市场资源，客户、供应商等各种渠道的建立都是从零开始。

其实任何创业都很艰难，而失败过一次的大学生创业者，二次创业成功的几率会比较高，很大程度上是因为他们在一次创业时积累了大量的经验，当然，也为此付出了相当高的代价。所以，我们社会也要有像硅谷一样宽容的心态，允许创业者们尝试、失败、再站起来。

另外，我觉得科技部的"创业导师活动"很好，可以大力推广。我作为其中一名创业导师，只要时间允许，也很愿意跟大学生创业者们多交流。

至于大学生创业者，其实积累经验和资源并没有什么捷径可走。我经常劝想创业的大学生，创业是一项长期的活动，如果你有志于创业，可以把创业计划分成几步走，第一步最好是先就业，先积累经验。创业不等于一开始就自己做老板，不管在哪个岗位，都可以看成创业的开始，是资金、经验的积累过程。

忠告：从小而简单的事做起

有一位很成功的企业家说过，最优秀的创业一定是简单的，优秀的公司一定是简单的。

谷歌、微软之类的神话，使IT、高科技行业成为大学生眼中的创业"金山"，好像"有出息"的创业项目都应该跟高科技有关。其实，大学生的技术研发能力有限，真正能够做技术研发的是少数。而且，即使做出研发成果，离创业成功也有很远的距离，在成果转化服务中心，成功转化的项目可能不到10%。

而且，高科技创业项目往往需要一大笔启动资金，创业风险和压力都非常大。对于所有创业者来说，如果自己口袋里没有创业所需的启动资金，那就根本不要做这个项目。大学生创业者也是一样，寄望于VC投钱肯定比做研发还难。另外，如果大学生自身能力不足，对创业的期望值又过高，一开始就起点太高很容易失败。因此，大学生创业不妨从大处着眼，从小处着手，做一些能解决实际生活问题的小项目，反而更容易成功。

这两年，大学生的创业计划中，也有不少从网络、电子领域转向旅游、服务等更实际的项目。任何产业都可以做得很漂亮，不要一提大学生创业，好像一定要高科技才不失身份。先从小项目做起，提高成功率，企业能够赚钱、生存，创业者能够积累经验和资源，才是最重要的。

MBA 创业：理论与实践的错位

MBA 最大的软肋是太教条，他们以为伟大的公司是大量调研和计划的产物，就像写一篇学期作业或毕业论文。在他们看来，像很多草莽出身的创业者一样，冲动地闯进真实的商业世界，听起来完全是疯狂的。

创业者们并不是因为市场调研、完美的计划和商业分析而决定开创一家公司的。有人说，如果按照 MBA 的理论去套，没有一个项目是完美的。成功的企业不是建立在市场分析和风险预测的基础上，而是靠执行力，通过提供有用的产品和服务，一点一滴做起来的。也就是说，创业者不光是评估风险，更重要的是承担风险。创业者的风险不在于企业是不是能在十年后做到 10 亿元的市值，而是能不能在最初的 6 个月里挣到 5 万元，让企业活下去。学术研究可以靠报告过日子，因为学者永远不需要执行那些计划。而大多数创业者没有时间写报告，他们都忙着把那 5 万块钱弄到手。

无论你的风险分析做得多么精妙绝伦，或者你找到一个漂亮的方案，把风险量化到一个电子表格里，都不能改变一个事实——每个创业者，无论成功的还是失败的，都必须承担因为风险或者因为惧怕风险而带来的极度焦虑。因此，无论计划得多么周密，创业者都会被焦虑困扰。

真正去创业时，MBA 创业者会发现，自己基于精妙分析的计划根本行不通，而有些"土人"根本没有什么计划，不知怎么竟然让他胡乱倒腾成功了。这就是创业的不可预见性。

MBA 的知识是好事，但如果不能灵活运用，过多的书本知识、管理教条会束缚甚至窒息人的创造力与勇气，真理都是简单的，什么事情复杂化了反而会远离真理。太职业，太教条，就难以形成企业家精神和创新能力。

所以，给 MBA 创业者的建议是，要注重实践，不要拘泥于理论。一句话，去干就是了。在为新公司掌舵的前 6 个月中，你可能比从多年的分析和研究中所学到的还要多。

经理人创业：警惕经验主义的陷阱

我曾经说过，我认为理想的创业者是这样的：在大公司待过重要岗位，受过高端的专业训练，有敏锐的商业嗅觉，深厚的产业基础，广泛的人脉关系，成熟的企业运作能力。所以，经理人创业其实比较受 VC 青睐。

但是，经理人创业也有不能忽视的问题。我们所看到的职业经理人，尤其是高级职业经理人，几乎都是精英。但很多成功的创业者的背景看起来都比较"土"，有时阿斗也可以做老板。但是，同为创业者，在商场上拼搏，精英输给土鳖的案例比比皆是。

许多事实证明，如果一个成功的经理人，他做技术，做市场，做管理，最后做到副总裁、总裁或者 CEO 的位置，他很成功，很辉煌，有无数的资源，但是，他再创业的时候，可能输得不可思议。

经理人的经验很宝贵，这是我们前面说的大学生和 MBA 创业者都欠缺的，而且经验不能速成，你可以在很短的时间内结识贵人，甚至很幸运地只花几个月时间融到钱，但经验只能一点一滴、经年累月地积攒。

但是，世界上没有绝对的好东西，经验也是一把双刃剑，有它的尴尬之处。经验越丰富，往往越容易套经验行事。现实中，经验主义可能会害死人，现实往往是超越经验的。所以，有经验而没有智慧的人往往办错事。

一般来说，一个经理人越成功，他在职场中职业化程度越高。职业化越高，在职场中越容易取得成就，但在创业时却不容易成功。有一个比喻，职业经理人会把水从 80℃烧到 100℃，但如果让他去创业，他可能根本找不到水壶。

创业这件事情里面，综合了偶然性和必然性，没有固定的成功模式和框框，所以经验主义有时很害人。经验像食物一样，需要消化。经理人创业要注重创新，不要落入窠臼，要有意识地多质疑自己以前的经验。

另外，创业型人才和艺术家一样，是需要具备天赋的，企业家的素质，例如领导力、凝聚力，有一部分质素是与生俱来的。经理人和企业家、创业者三者之间既有联系又有差别，谋事在人成事在天。

最后，我声明一下，世上没有完美的创业者，就像没有完美的项目、完美的团队一样。我在这里列出几类重要的创业者，探讨一下他们需要改进的地方，希望可以供创业者们参考，帮助大家提高创业的成功率。

创业实战系列之一
做马云搞不定的电商生意

．
．
．
．
．

电子商务有三大瓶颈：支付、安全、配送。现在，马云用支付宝和信用评价基本解决了前两个问题；李平义创建的发网（http://www.fineex.com ）的新物流服务模式则要解决配送问题，它的价值正在获得认可。

中小企业的配送是物流市场长尾的中后部，能量大得惊人，而发网正把这块市场整合起来。

创业要成功，最重要的是商业模式。李平义十年创业路，三次改变商业模式，创业者坚持与转型的博弈，在他身上展现得淋漓尽致。

中小电商淘金，李平义送水，作为物流服务平台的发网成长为国内电子商务领域内数一数二的高科技物流企业。

不安分的创业 DNA

第一次见到李平义，这个表面文弱的年轻人，言谈中却折射出内心的不安分因子，这种典型的创业者 DNA 给我留下很深的印象。

成功的创业者往往是理想主义与实干派的完美结合。人人都做梦，但很少人会真的为自己的梦而行动。李平义是最后一届包分配的大学毕业生，他从国际贸易运输专业毕业，被分到四川省西昌铁路局。在报到途中，李平义觉得，那里不是自己想去的地方，于是他走到成都就原路折回。他做过音响的国际贸易，后来负责一家软件企业的对外业务，但他发现，自己尝试过的事情都跟理想有差距。

创业路上第一步

1999 年，李平义看到了一个令人激动的商机，蛰伏的创业梦想开始萌芽。那时候，国内的电子商务发展很快，梅林正广和、永和豆浆这些典型的传统企业都开始在网上销售，配送业务成了一片诱人的蓝海。李平义学的是运输，正想在物流行业大展拳脚。

于是，李平义开始了第一次创业，为生产企业提供物流软件。到2002 年，他的公司每年能保持两三百万元的收益，客户包括五十铃等著名企业。李平义的初次创业，算是首战告捷。但竞争越来越激烈，李平义重启不安分的心，开始了新一轮寻觅。

随着对物流行业了然于心，李平义敏锐地嗅到了另一片"蓝海"的味道。他发现，百万家快递公司和运输企业遍布全国，信息化程度普遍较低，于是调整方向，把他们当做目标客户。2002 年，李平义第二次创业，还是做软件研发，但是客户变成了运输企业。做了三到四年，成绩还是相当不错的，但李平义还是觉得，这种项目制的商业模式不能持续。

一头扎进大大的蓝海

李平义的不满足感越来越强烈，因为他发现了一片真正广阔无垠的蓝海。到了 2005 年，已经没有多少人会怀疑，未来所有的企业都是电子商务企业。这个大饼不是画出来的，2005 年，中国 B2C（Business to Customer）交易额约为 56 亿人民币，C2C（Customer to Customer）交易额大概 137 亿元。网络购物走入寻常百姓家。

中小企业发展电子商务有三大瓶颈：支付、安全、配送。现在，支付宝能够提供有效的担保，这个环节已经做得很好；安全问题则可以用类似于淘宝信用评价的方式来保障。但是，物流问题很难解决，规模很大，但市场很乱，需要一种新的物流模式。

巨大的需求，供给服务的落差，其中的不对称蕴涵着惊人的商机。

2006 年 3 月，李平义第三次创业，发网正式诞生。事实上，李平义并不是一步登天，有价值的新物流模式是一步步做出来的。

发网创立之初，只是搭建一个简单的平台，让电商企业和物流自己交易，发网收取中介费。但是，李平义很快发现，让电商和物流直接沟通和合作困难重重，互不信任、安全没有保障，发网接到很多投诉，客户怨声载道。

比如说，有一个客户有 10 吨货要从上海运到北京，通过发网找到一家运输公司，但是运输公司为了等别的货来拼车，没有在规定的时间为客户送达。结果客户那边遭受了损失，怒气冲冲地找发网，但当时发网是相当于中介的平台，没有办法约束运输公司。所以，虽然李平义努力去跟运输公司沟通，但最终还是无能为力。客户不满意，李平义很郁闷。

问题还有很多。很多电商企业规模小，发货量不大，物流公司难免势利眼，小电商拿不到优惠价格，也享受不到好服务，有些商家因为快递的服务质量问题被买家投诉，影响了信誉。总之，让电商企业和物流公司直接沟通，成本很高，效果很难令人满意，作为平台的发网也被连累，吃力不讨好。

客户不认可的商业模式便没有未来。李平义隐约感觉到，这样的模式并不能解决问题，也就没有办法创造真正的价值。而且，发网靠收取中介费，收入并不稳定。

无论对国家、企业还是个人来说，转型总是痛苦的。李平义创业都是从自己口袋里掏钱，发网的前期投入很大，他陷入一个两难境地，辗转反侧，彻夜难眠。

李平义是一个有智慧的创业者，在痛苦的抉择之后，他决定转向新的服务模式。李平义能够大舍大得，他每一次创业，都是抓住新的趋势，为自己创造了新的发展空间。很多创业者输在"不舍得"，即使潜意识里已经知道自己走了弯路，但仍然舍不下，不愿意否定自己，不愿否定自己曾经的信念、曾经的付出和曾经的坚持。其实，商业模式不是一成不变的，更不是臆想出来的，很多原本想象中的商业模式或者亮点根本不work，或者需要适应行业的变化而变化，所谓穷则变，变则通。李平义有勇气放弃，也有能力去获得。

找到对的商业模式

不久，李平义换了新的服务模式，做成一个公共的物流服务平台。对中小型的电子商务企业，自己花钱建立物流体系几乎是不可能的，那么直接去用发网就可以了。发网就像一条物流的高速公路，电商可以通过发网更有效率地往全国发货。

发网最初的商业模式有一个问题，就是对于小企业来说，快递公司的低价格、好服务有一个门槛。现在，发网挑选了一批可靠的快递公司，把它们整合起来，作为一体化的供应商。快递公司对小企业来说有门槛，但发网对多小的企业都不设门槛。发网是快递公司的大客户，可以谈下有优势的价格和服务，这些价格和服务是单个小企业直接找物流公司享受不到的，但进入发网，他们可以很方便地享受；同样，这对于发网合作的物流公司也是好事，既可以零单整做，也可以利用发网这个全新的渠道更好地开拓业务，提升品牌知名度。这样，发网的优势和价值就可以体验得到了。李平义整合了电商市场"长尾"的中后部，每一宗交易很小，但一旦整合起来，是一个大得可怕的市场。

之前还有一个令电商和李平义都很头痛的问题，就是物流环节的风险问题。现在，李平义建立了安全保障体系，李平义通过对物流公司的筛选、信用来掌握主动，发生问题发网主动解决，而不是被动的。发网不仅要快递公司缴纳风险保障金，还同保险公司合作，发网的订单直接提交给保险公司的系统，如果订单出了事故，就为客户进行理赔。这种按照订单来保险的模式也是发网独有的。这样，客户进入发网的体系后，物流上基本是安全的。这些问题如果由电商直接去跟物流公司或保险公司交涉，沟通成本很高，几乎不可能短期实现。

另外，发网为电商提供仓储、分拣包装、代收货款以及物流系统支持服务，支持直接从产品供应商发货，为企业大大降低了固定资产和产品资金积压，实现了"轻资产运营"。比如仓储，小企业一般货很少，有的甚至只需要几平米的仓库，自己在外面租不到，但是发网可以为它们提供仓储服务。而且发网可以根据电商的货源集中地和销售市场集中地设立分仓，这样既可以帮助电商快速补货，降低库存成本，同时也可以实现快速配送，提高消费者的购物满意度，还降低了配送成本。

在市场中，自恋者的梦境总会被无情击碎。而一旦出现好的商业模式，市场总会积极起来响应。作为先行者，发网要向所有电商普及这种服务模式，要获得所有人的理解，还有一定的距离。但是，每一个尝试过的客户都认可发网的服务。

李平义时不时兴奋地跟我分享客户的反馈："上海一家著名邮购企业的负责人说，之前他们跟七八家快递公司合作，现在不需要了，发网就全部解决了，而且安全可靠，服务也不错。""国内一家知名时尚网站的运营总监说，发网的代收货款和仓储分拣很好，帮助他们完全解决了这一块的问题，他们可以专注于产品开发和网络营销。"

让客户满意是最好的口碑营销，发网现在每天都有几个新客户，大部分是老客户介绍进来的。现在，发网有四五百家客户，三千多家会员。

专业主义创造商机

在李平义身上，创业者的专注和变化、坚持与放弃令人敬重。他学的是运输，又一直在这个行业打拼，三次创业都抓住了这个行业变化的先机。所以，在一个特定领域的经验和积累对创业者来说很重要，有这份执著和坚持，才能很好地理解行业的需求，找到很好的机会。近十年来，李平义跑了六七十个城市，除了做项目，就是搞物流方面的调研。相对于一些盲目拍脑袋作决策的创业者，在一个领域厚积薄发的李平义是当之无愧的赢家。

因为对这个行业熟得不能再熟了，李平义躲过了很多互联网公司落入的陷阱。每一次商业模式的转变，都来自于发现新的市场需求和客户需求。根据现实的需要去找技术解决方案，这样成功的可能性更大。你的技术真正解决了对用户来说很重要的问题，创造了独特的价值，才能够真正做强做大。

李平义在创业过程中有三次重要的商业模式变化：第一次创业是面向生产企业提供物流软件；第二次创业则转为向运输企业提供物流软件；第三次创业是做发网，最初在电商和物流企业之间搭建一个简单的中介平台，后来发网转变为一个综合的物流服务平台。这三次转变都是对商业模式的主动改进。

不过，李平义认为，发网的发展还会遇到很大的挑战。再好的商业模式都不能确保项目的根本性成功，核心还是要把细节做好，要把服务做好，这些才是服务型企业的核心竞争力，而发网的口号"**新物流，心服务**"，也正好体现了这个企业的价值观。

现在，发网是国内数一数二的物流公共服务平台。发网目前在上海、广州设有区域运营中心，为拥有超过三千家电子商务用户提供物流服务，即将开通的北京和深圳区域运营中心将可以为电商提供更为周到和细致贴心的物流服务。

喝茶喝出默契团队

李平义在几次创业中，团队的合作一次比一次好。李平义也认为，一个好的团队要碰运气。他的合作伙伴主要做技术，他主要管运营。他们从李平义第二次创业起就开始合作，磨合到现在，已经配合得相当好了。

李平义对市场很了解，而合作伙伴管技术，开始时决策上也遇到一般技术公司常见的问题——技术和市场脱节。而且，由于他们都很忙，经常一两天见不着面，各忙各的，信息不对称。

我在前面谈到过，团队之间的沟通很重要。几乎所有团队的管理层在外人看来都是互补的，但一堆明星球员却常常组合出烂球队。团队不是设计出来的，先天条件再好的团队也要经过后天磨合才能稳定下来。看起来不太浪漫的李平义通过一个挺有情趣的小细节，使自己和合作伙伴的关系越来越融洽：他们每两周会有两三个小时在一起，坐下来喝茶，及时沟通，定期沟通。

李平义的理想是，未来电商只须专注货源管理和网络营销，而所有物流后勤管理工作都由发网帮他完成。到那时，电商发展的最后一个瓶颈——物流将不再是问题。

创业者有话说：

　　　　任何一个创业者，都需要一个遇到问题可以沟通、请教的老师、智者，陈总就是我的导师，一个智者。

相信所有的创业者在路上都会遇到很多问题，既不能跟合伙人、同事、陌生人、家人讲，但又需要有人可以倾诉、提建议。有很多问题我都只跟陈总一个人说，我会定期去见他，跟他讲我最近做的事，请他帮我分析。陈总指导了太多的创业者，对于创业路上可能会出现什么问题，很多事情应该怎么样处理，他都了然于心。他给了我很多建议，我没有办法三言两语地形容他对我的帮助。

现在谈起我们的商业模式转型，好像轻描淡写，一个转身只需要一秒钟。但在当时，我为旧的商业模式花了很多钱，但没有收益，客户不稳定，和供应商的关系也不协调。所有的问题涌现出来，心中的困惑、痛感煎熬了我很长一段时间。

真的要转吗？究竟往哪里转？陈总帮我分析，使我豁然开朗。陈总的这些话我记忆犹新：

商业模式要从整个社会需求来看，你单纯做中介的平台会不会是未来的一个方向？如果结合服务，又会是怎么样？

你和供应商是利益关系，不协调的重要原因是业务量，你的业务量提升了，关系就会更好。

至于盈利模式，中介平台模式的赢利点在哪里？收中介费很不稳定，电商和物流可以跳过你去做这件事情。

如果以服务的形式介入，你是否会掌握整个主动权？

陈总没有为我作任何决定，但发网到今天，每迈出一步，都体现着陈总的眼界和高度，都有陈总的力量在推动。

——李平义

创业实战系列之二
手机游戏行业的先行者和坚持者

．
．
．
．

放眼如今世界上最成功的企业，他们的CEO或创始人都是跟产品死磕的疯子。创业者把时间和精力更多地花在产品上面，是更明智、胜算更大的选择。

管理层的一位核心成员喝完最后一杯酒，站起来对大家说："做出好游戏！"然后醉倒了。

坚持和创新一样，是创业者最可贵的品质。坚持意味着你越做越专业，专业就意味着可能做到老大。

一家公司是不是成功，跟行业的发展是分不开的。蛋糕没有做大，就不可能有真正的大赢家。

VC投钱也好，独立地评价一家创业企业的前途也好，都要看这个创业者是不是对所在的行业足够熟悉。

源自兴趣的创业征途

1997年可以用诸多词汇来形容——晦明不定、荣耀、动荡、崩溃……"60后"的张朝阳和王志东把中国带入"互联网元年"，当然，当时互联网远远没有进入寻常百姓家，而是带着陌生、高端、神秘的印记生长。因此，在 1997 年，"75 后"的陈刚一迈入大学的门槛，就开始制作自己的独立游戏信息网站，在今天仍然令很多人惊叹。

陈刚对他的"第一次创业"倒是一贯地轻描淡写："只是和几个志同道合的朋友，大家都喜欢玩游戏，就做了个人网站。"男生都爱玩游戏，"玩物丧志"的也不在少数，但陈刚玩着玩着就把事情搞出点规模了，他的网站后来日访问量成功过万，曾在当时被某个网络公司以数十万元的高价求购。这段经历让陈刚真正看清了游戏产业的巨大潜力。

转瞬间大学就快毕业了，陈刚是师范大学计算机系的高才生，又是学校公认的好教师苗子，陈刚开始了第一次对自己未来事业方向的抉择。即使是现在，平静安稳的教师工作也让很多人羡慕，但是，陈刚经过一段时间的挣扎与思考，最终，他还是毅然"下海"，坚定地投身游戏产业，并且投入的是当时在国内乏人问津的手机游戏行业。

精心筹备一年之后，在 2001 年，陈刚与他的合作伙伴共同创立格锐数码。开弓没有回头箭，陈刚的"征途"开始了。最初，从写策划案、销售到端茶送水、接电话、买家具、装宽带，陈刚无不亲力亲为。

陈刚的创业来源于兴趣，而且做的是自己熟悉的事情，又有一个志同道合的团队，虽然比较青涩，但四五位伙伴斗志昂扬。虽然不能忽视这个创业项目的种种问题，例如当时手机游戏这个领域相当小，而且增长前景并没有很乐观、靠谱的数据支撑，直到现在，手机网游厂商拿到风险投资的大概只有两三个案例，但他们的团队优势还是很快吸引了一笔天使投资。

好产品是创业公司的生命线

陈刚和几个创业伙伴戏言，从决定创业这一刻开始，活着就是为了做出好游戏。

　　好产品有多重要呢？放眼当今世界上最成功的企业，他们的CEO或创始人都是跟产品死磕的疯子。企业开始做的时候一般都很小，精力和资源有限，我希望创业者的时间和精力更多地花在产品上面，做出好产品。

　　格锐数码走到今天，成为国内最老牌而且业绩名列前茅的手机游戏厂商，他们对产品的"偏执"至关重要。在格锐数码的一个年会上，发生了一件可以载入公司史的事：管理层的一位核心成员喝完最后一杯酒，站起来对大家说："做出好游戏！"然后醉倒了。这种跟产品"死磕"，铆足劲儿做精品的态度，我希望广大的创业公司能够借鉴。

　　当然，做好产品不是动嘴皮子的事，用陈刚的话来说，是要投入心血和精力，磨掉几层皮才有可能出来一个好产品。格锐数码的第一款游戏"核金发条"（MetalStrike）的研发历时一年，他们为自己的第一个"孩子"付出了难以想象的心血。陈刚和他的创业伙伴研究和借鉴了很多同类游戏，包括国外的和国内的，还有各种平台的游戏，比如PC、街机，学习别人的经验、理念。期间他们遭遇了很多挫折，比如技术。作为动作游戏，操作感才是王道，但以往手机动作游戏最令人难以容忍的就是经常卡住的画面，令游戏的流畅感大打折扣，"核金发条"最初也遇到这个问题，玩家的体验不如预期。为此，陈刚的团队做了很多改动，对硬件技能做了很大程度的优化，最终动作画面相当流畅，敌方子弹的运行轨迹都清晰可辨。

　　而且，陈刚很注重让用户在玩手机游戏时体验"高潮迭起"的剧情。还有关卡、美工、音乐等与用户体验密切相关的内容，他们一个都不肯放过。后来很多玩家反映，玩"核金发条"很爽快淋漓，能够体验到破坏及搞笑两种不同的游戏乐趣。所以，"核金发条"（MetalStrike）被联想选用，成为中国大陆地区第一款微软智能手机平台的商业游戏软件，还被英特尔公司推荐参加了全球相关的系列推广活动。到目前为止，格锐数码已开发了近百款手机单机游戏。

不管跟谁谈到格锐本身产品的特色，陈刚都很兴奋。陈刚的口头禅是"绝对绿色"——"为了给用户最好的体验，我们做了很多设计的工作，特别是手机网游，我们力争让用户的界面友好再友好，争取游戏速度达到最快。"

陈刚举例说，格锐数码正在运营的《疯狂坦克总动员》是"绿色网游"的典范，他们希望用户能够经常登录来玩这个游戏，但不一定希望用户像 PC 网游一样"挂机"，而是建议用户每次玩的时间合理些，这样就不会耽误用户的正常生活和工作，游戏只是点缀和调节生活的娱乐方式。

好产品是一定会得到市场和用户回应的。在全国优秀手机应用软件暨手机游戏评选上，格锐数码的两款手机网络游戏《疯狂坦克总动员》和《妙灵宝贝》分别荣获"最佳竞技类游戏"和"用户最喜爱"奖。格锐数码的单机游戏《圣龙召唤师》则获得了金翎奖的最佳单机游戏。

当然，做出好产品，还要把它卖出去，才能产生用户体验，获得现金流。陈刚开始创业时资源比较匮乏，他就抓住各种机会，在展会上向各个国家和地区的客户推销，并通过同行的介绍抓住了不少商机。不少手机游戏厂商往往连个像样的产品都没有开发出来，钱就耗光了，而格锐数码却生存下来，而且一路发展势头相当强劲。

2004 年，格锐数码三岁，这一年他们与日本大牌 NEC 合作，一举打入日本市场。格锐数码还先后在东南亚及欧洲市场成功地发售了手机游戏产品。当时，国内手机游戏市场还不能完全打开局面，而陈刚的产品和公司已经在国际上赢得了不小的名头。

坚持是创业者最宝贵的品质

我和陈刚交流的时候，曾经问他，以他十多年的创业历程来看，什么对创业者来说是最重要的？陈刚认为只有两个字：坚持。这是他最想跟创业者们分享的经验。

什么是最后的赢家？想做最后的赢家要懂得坚持，半途而废决定了你创业做不到巅峰，做不到最好，更谈不上什么基业常青了。道理很简单，真正做到却很难，选择放弃有很多个理由，但坚持下去就要结结实实地扛。

我认为，坚持和创新一样，是创业者最可贵的品质。对很多做得不错的创业者来说，他们会面临很多诱惑和选择。我对很多年轻的创业者说过，你一天可以想出一个创意，但很多人一辈子只能做好一项事业。坚持意味着你越做越专业，专业就意味着可能做到老大。

现在谈到大学生创业，好像是稀松平常的事情，但在陈刚创业的年头，大学生创业还是个新兴事物，舆论还持观望态度，因此当时陈刚的阻力和压力很大。像所有一毕业就创业的大学生一样，陈刚当初没有太多资源和经验，一路上走得很苦很累。用陈刚的话来说，"自己做自己的事情太早了，没有经过职业培训和历练，没有经验和人脉，所以太早创业本质上并不是最好的选择"。但是，我认为陈刚身上有一点很值得大学生创业者学习，那就是他几乎在瞬间完成从学生到创业者的心态转变，他甚至极少提及自己是大学生创业，而且一直强调要做最专业的手机游戏厂商。创业初期的艰难，陈刚和他的伙伴还是走过来、挺过来了，还拿到了一笔天使投资。跟每一个坚持了五年以上的创业者一样，其中的辛酸、磨砺不足为外人道。

现在，格锐数码已经在国内手机游戏中做到前几名。但是，一家公司是不是成功，跟行业的发展是分不开的。蛋糕没有做大，就不可能有真正的大赢家。我们来看看以下两组数据对比：手机网游在中国还不是一个大蛋糕，现在规模是 10 多亿人民币，PC 网游是 200 多亿；日本 1 亿人口，手机网游的规模大概是 150 亿人民币，日本的手机用户数量是中国的 1/10。陈刚和他的团队坚信，前途是光明的。

过去的几年，中国上演了精彩的网络游戏财富大戏，并孕育出了一批网游公司和网游富豪。很多手机游戏公司以为手机游戏会像PC网游那样爆发，没有预料到这个过程的漫长。手机网游商们却黯然坚守了几年的寒冬。

尽管"无线＋网游"概念早就是资本市场的热点，但由于SP（Service Provider，互联网服务内容的提供商）近年来受移动运营商政策的限制颇多，手机网游平台的发展也一直尴尬不前。移动运营商既收功能使用费又收流量费，无论是单机游戏下载所产生的流量费，还是采用非包月联网游戏所产生的流量费，资费对玩家体验有很大的影响。此外，由于无论从产品体验还是服务上，手机网游都无法与PC网游相提并论，这导致手机网游市场的活跃用户不足，愿意付费的用户更是少之又少。根据我手上的一份统计资料，近70%的手机游戏企业都以失败告终。

陈刚也认为，由于手机终端的屏幕不同，操作系统多样，开发手机网游时需要适配各种机型，这大大拉长了开发周期，因此许多厂家往往连个像样的产品都没有开发出来，钱就耗光了。加上移动运营商在支付手段、推广方式、上网资费等方面缺乏对手机网游的支持力度，在2005年至2006年，国内手机游戏厂商遭遇产业的"寒冬"，整个行业进入调整期。但是，在大约70%的同行难以为继的时候，格锐数码逆势发展，营收增长约60%。

无论磨难、风雨还是前路不明，陈刚都坚持了下来，用他的话来说，在这个行当里"梗"了八个年头。格锐数码已经是国内最老牌的手机游戏厂商之一，而陈刚最近已经在跟我探讨如何做到"基业常青"。在我看来，对陈刚和格锐数码来说，这是蛰伏的八年。

之所以有这样的坚持，除了对手机游戏的挚爱，陈刚坚信，手机网游的前景甚至比PC网游还要诱人，论据是中国巨大的手机持有量。根据2008年公布的《中国互联网络发展状况统计报告》，目前我国有4亿手机用户拥有5.3亿部手机，这一数字远超7800万台的家庭上网电脑数；并且在2.1亿网民中，已经有24%选择使用手机接入互联网。手机上网的兴起是手机网游的根本，网游是互联网上让用户心甘情愿付钱的核心应用，对手机上网来说是同样的道理。而且，电信重组意味着3G 网络将很快大规模商用，突破了一直以来制约手机网游的网络瓶颈。

看好手机网游行业的不仅是陈刚，还有他的整个核心管理团队。格锐数码现在规模近 60 人，其中待过四五年以上的人比比皆是，在这个浮躁的年代实在少见。用陈刚的话来说，他们都希望在年轻的岁月留下一些回忆，而这份回忆一定跟他们钟爱的手机网游有关。除了从共同理想生出的凝聚力，陈刚还学习国外的股权激励机制，他的团队在磨合的过程中，因为利益格局而稳定下来，所以他的团队有真正的价值。

我的不少同行认为，伴随着 PC 网游利润高歌猛进的蝴蝶效应，手机游戏由单机走向网游将是一大看点，因为在运营商重组及 3G 商用之后，无线环境会更好，手机网游将会坐拥"无线 + 网络游戏"的双重利好。

根据创投研究机构 China Venture 的分析报告，2003—2007 年为中国手机网游发展的导入期，2008—2010 年将成为市场快速发展期，2011 年之后则会进入市场稳定发展期。拿最近的数据看，2009 年第一季度中国手机网游用户规模达 330 万，环比增长 16%。

所以，2008 年，格锐数码推出了首款网络游戏——《疯狂坦克总动员》，并准备以这款手机网游作为敲门砖，准备进军国内的手机网游市场，这可以说是顺势而动之举。提高用户黏度和体验是手机网游的生命线，这样的社区服务平台无法在短时间内获得很大收益，但社区是连接游戏和用户的平台，也应手机网游向互联网融合的趋势。

国外的手机游戏市场比较成熟，而格锐数码前几年在国外的发展也较快，对进军国内的市场做了很多积累和准备。目前，格锐数码的娱乐类游戏软件产品是国内 WindowsMobile 智能手机生产厂商的唯一选择，而且是多普达及神达公司唯一的娱乐游戏软件供应商，也是联想移动高端手机主要的 OEM 及定制软件供应商，摩托罗拉公司手机产品主要的娱乐游戏软件供应商。此外，格锐数码还是国内唯一具有 Linux 平台手机游戏软件成熟开发经验的厂商。

八年的坚持之后，陈刚和格锐数码将迎来属于自己的回报。经过八年的积累和蛰伏，手机网游这盘棋，格锐已经布好了局。

比行业快半步的战略选择

要做到比行业领先半步，需要很懂这个行业。VC 投钱也好，独立地评价一家创业企业的前途也好，都要看这个创业者是不是对所在的行业足够熟悉。只有坚持，才可能很专业；只有做到专业，才可能对行业的趋势和模式了然于心，作出比行业快半步的战略选择。

陈刚认为，国内手机游戏的春天快要到了，比行业步伐快半步是最合适的，如果快一步风险就太大了，但如果跟着行业步伐一致，市场反应就会滞后。陈刚开始在行业内发出自己的声音。

3G 的全面上演给手机游戏市场带来了新的希望，不过，从现实的角度来看，3G 初期能够带来的新变化并不多。一方面，3G 并未带来全新的手机游戏运营模式；另一方面，3G 初期无线连接的稳定性与带宽尚未达到大型手机网络游戏的运营需求，用户体验并非最佳，从这个角度来看，现在的 3G 称之为"2.5G"比较合适。在这个"2.5G"阶段，陈刚在各种场合推广的"泛网络游戏"概念得到同行的关注和媒体的追逐。

"泛网络游戏"是一种新的手机游戏形态，已经开始在韩国出现并迅速成为市场主流。泛网络游戏是指在单机游戏的基础上加入联网功能，在丰富游戏内容和玩法的同时，能使用户在单机游戏中得到交互。用户在单机游戏中就能进行物品交易买卖、聊天或者发布公告、竞争排名、对战、分享游戏心得等。而通过联网，用户可以从网络商店来更新游戏内容，购买道具、角色、关卡或是新剧情。也就是说，网络功能在泛网络游戏中只作为可选或支线部分存在，因此用户通过现有的"2.5G"网络就能获取更丰富和更有趣的游戏内容。这给了运营商一个良好的运营支点。

韩国的手机游戏发展已经证明了这一新模式的有效性，到2009年，这种"单机＋联网"的手机游戏已经占到市场的80%。Intersave是韩国先锋的手机游戏公司之一，对泛网络游戏实战经验丰富，它正是格锐数码五年的合作伙伴。泛网络游戏将成为格锐数码进军国内手机网游的一个新支点，或者能撬动即将爆发的手机网游产业，成为网游创富神话的新主角。

陈刚非常有信心："我们对行业节奏的把握很稳，我们对用户的感受很用心，我们将提供健康的、有乐趣的产品和服务，我们将成为最专业的手机游戏提供者。"

创业者有话说：

我有一本厚厚的学习笔记，一笔一画记录着我与陈爱国老师的每一次谈话。不少人觉得资金、项目等物质帮助比较能立竿见影，但更多时候，令我困惑的是看问题的视角和方法，而创业导师好比一盏明灯，助我拨云见日。

最初与陈老师交谈时，我总是不自觉地用"彷徨"和"无奈"作为开场白：开会为什么总会变成我的"独角戏"？为什么员工总兴奋不起来？尽管看起来是一些"琐事"，但总体看来是公司管理的规程和风格不够成熟，经常让我很头疼，有时难免产生挫败感。一旁聆听的陈老师总是了然于胸地讲起成功者的故事，团队作用、沟通技巧等道理包含其中。受到陈老师的启发，我在格锐数码建立了矩阵式管理构架，理顺了团队关系，公司管理上了一个新台阶。

　　经过几年的起落和"煎熬"，我们在手机游戏行业站稳了脚跟，下一步如何发展？公司内部出现了分歧：有人说应快速扩张提高曝光度，有人坚持应稳扎稳打低调前行。究竟哪条路更合适？陈老师对我讲了"尾灯战略"：当你看不清前方的时候，跟随更容易让你把握方向。陈老师的话让我豁然开朗。考虑到成本上升、难于协同管理等潜在风险，公司放弃了在海外广设分公司的想法，转而集中力量主攻亚洲市场。

　　陈老师首先是品格非常高的人，非常善良，总是真心、热诚地指点年轻人的创业成长，他毫无保留讲述他的经历和经验。陈老师也有足够的能力，游刃有余地肩负起创业导师这个崇高的社会职责。陈老师做过企业，做过投资，看过无数的企业成功和失败，也为无数企业提供过宝贵的知识。陈老师对于企业的认识，对于执行、战略和管理的心得实在太宝贵了。所以，在最后我要画蛇添足地说：陈老师于我而言，绝不仅仅是社会上流行的逢人必称"老师"，而是助我成长的创业导师，更是助格锐数码稳健发展的管理顾问。

——陈刚

第二部分

小公司这样做才能拿到钱

国内最资深VC的真心话大冒险

第九章　找钱之前先了解钱

．
．
．
．

　　我和不少同行有个相同的感触，那就是很多创业者在和我们会面时，往往不出 10 分钟就直奔主题："你到底能给我多少钱？"我说我不知道，因为我还一点都不了解你，恐怕你也完全不了解我。创业者在融资上的稚嫩与中国创投市场的疯狂成长极不匹配。

　　有的创业者说找风投要屡败屡战，如果融资是一场战争，那么你想想，知己知彼有多重要？更多投资家愿意把投资比做一场与创业者的联姻，那么没有相识相知，没有感情基础，哪来的幸福婚姻？一句话，想找钱的你了解钱吗？

钱是谁的？

　　换句话说，钱从哪里来？谁可能给你投资？中国的 VC 大舞台这么热闹，登台的自然不能只有一个角色。目前在风险投资市场上，有三种投资者最为典型，他们分别是：天使投资人、产业投资基金以及公司（机构）型基金。

天使投资

"天使投资"这个好听的名称起源于纽约百老汇，最初是指富人资助一些具有社会意义的文艺演出，也就是说，天使投资最初具有一定的公益捐款性质。后来，天使投资指个人或者非正式的风险投资机构，对种子期的初创企业进行投资。一个方案还停留在种子期，甚至是在创业者脑海里，都有可能找来天使投资。

被创业者们津津乐道的天使投资案例很多。1998 年，两位还没毕业的穷学生向 Sun 公司的共同创始人安迪·贝托尔斯海姆讲述他们的创业梦想。讲了半天，老头不是很理解，但是被两个年轻人的激情和梦想所感染，对他们说："我听不懂你们的商业模式，先给你们一张支票，半年之后再来告诉我，你们在做什么。"于是，靠这张 20 万美元的支票起家，两个穷小子一步步打造出今天的 Google，而贝托尔斯海姆的 20万美元投资为他带来近 3 亿美元的回报。

这样的传奇在美国屡见不鲜，贝尔电话公司、福特汽车、苹果电脑、亚马逊等都曾从天使投资人那里获得启动的资金。有专家估计，美国的天使投资总额是风险投资总额的两倍，而项目数量至少是风险投资的 20 倍。

中国也有类似的天使投资案例，蒙牛的故事就是其中的经典。牛根生在伊利工作期间，因为订制包装制品与印刷商人谢秋旭成为好友，后来，牛根生自立门户，谢秋旭慷慨解囊，为初创期的蒙牛注入 380万。谢秋旭"出钱不出力"，并不参与蒙牛的任何管理和发展安排。蒙牛上市后，谢秋旭的股权市值超过 10 亿元。

不过，目前中国的天使投资还是近于空白。一方面是因为投资者们偏重于短期行为，不太愿意去做孵小鸡的事儿，更愿意赶快把小鸡养大，卖出去赚钱。另一方面，天使投资应该主要是民间投资。中国现在有钱人很多，但是天使投资很少，为什么？第一是不懂，第二是没有安全感，法律也没有提供足够的保障。

国内目前的天使投资人主要有三类。一类是已经成功的创业者；第二类是原来从事化纤、地产等传统行业的本土企业家，转身做一点天使投资；另外，一些有金融背景的人也开始进行天使投资。

还要特别指出的是，对天使投资人来说，风险很大，成功率很低。而对创业者来说，即使在美国，被天使投资人选中的几率也相当渺茫。可能 100 个项目里只能选 1 个，选上之后也只有 10% 的项目能够成功。因此，目前中国的天使投资是很值得关注，但不能寄予太大希望的领域。

产业投资基金

产业投资基金可以简单分为两类：风险投资基金，就是 VC；私募股权投资基金，也就是我们常说的 PE。

风险投资基金也叫创业投资基金，专门投资有高成长性的未上市企业。VC 投资的对象很多是高风险的高科技创新企业，失败率较高，一般在 60%—80%。这就要求 VC 有足够大的资金规模，才能同时投资于多个风险项目，通过其中的一个或几个项目的成功，弥补其他风险项目的损失，并获取收益。而且，VC 通常采取与其他风险投资公司联合投资的方法，目的是分散风险。VC 在决策时一般当机立断，敢于取舍。

目前，全国以创投企业形式设立的私募股权投资基金有三种模式。一是上海模式，把创投企业定位成一个母基金方式，通过支持一些中小企业管理团队发起设立一些小的投资公司；二是深圳模式，把大众基金集中在一个集团内，建立起一个航空母舰，来带动很多小的舰队；三是现在的天津模式，是把深圳模式和上海模式结合起来——既设立一个母基金，支持一个中小团队，又设立创投公司来自己投资，管理一部分基金。

PE 一般投资即将上市的企业，主要的退出渠道是企业上市。VC 一般投资处于发展初期和中期的企业，PE 则主要投资即将上市的企业。

103

STRIVE TO GEB

其实，VC 和 PE 之间的界限并不清晰，有时基金管理人都无法对自己管理的基金作出精确的界定，甚至有很多基金为了争取更多的商业机会，还会有意无意地模糊两者之间的差异。

公司型基金

公司型基金的全部资金来源于母公司，它是作为母公司的一个投资部门来设立的，主要有两个目标：一是从投资活动中取得丰厚的回报；二是通过投资对象为整个集团带来价值，这也是公司型投资基金与其他基金最主要的区别，他们不只看重投资回报率，还要看投资对象能否为整个集团所用。

例如，西门子创投是西门子公司旗下的创业投资机构，迄今为止已经累计投资大约 7 亿欧元。西门子创投的主要目标是支持西门子核心业务发展的创新型企业和技术，尤其集中于通信、医疗解决方案、自动化与控制、能源、汽车技术和交通系统、照明等领域。这些都是西门子集团重点发展的业务领域，投资这些领域里的初创企业，如果成功的话，对于西门子来说无疑是"近水楼台先得月"。

另外，公司型基金的退出机制也有不同，其中最主要的退出方式是卖出，但是也有一部分由他们投资的初创企业最终被集团收购。

在对的阶段找到对的钱

企业在发展的每个阶段都需要找钱，但在种子阶段、成长阶段以及成熟阶段，企业找钱的方式是不一样的。

种子期融资

对"种子资本"有强烈需求的往往是一些高科技公司，它们在产品明确成型和得到市场认可之前，就需要注入资金，支持它们进行研究和开发。尽管这类投资的回报可能很高，但因为风险极高，绝大多数 VC 出手很谨慎。

对于种子期公司，投资人很难从商业计划书来评估它的前途或"钱途"。因此，这个阶段的投资人往往倾向于投资跟自己专长领域密切相关的项目，同时地点也必须较为邻近，我们目前主要投资上海的高新科技企业，就是希望日后通过积极的辅导降低投资风险。

我们在评估方案阶段，通常很注意创业者的团队、成长性、商业模式、领域和产品，其中最为关键的是成长性和可能实现梦想的团队。大多数投资人会认可这样的观点：可以考虑对有二流想法的一流企业家投资，但不能考虑对有一流想法的二流企业家投资。

据我的观察，最容易成功的创业者应该是这样的：在大公司待过重要岗位，受过高端的专业训练，有敏锐的商业嗅觉，深厚的产业基础，广泛的人脉关系，成熟的企业运作能力。在我辅导过的创业者中，预言软件的何俊先比较符合我所列出来的条件，他原来是外企的项目主管，预言软件现在规模已经符合创业板上市的要求。如果你没有这些资本，不要灰心丧气，也不要好高骛远，挑容易入手的去做，提高你的成功率。

需要奉劝创业者的是，如果你除了一份商业计划书之外一无所有，融资是非常有难度的，如果你坚持要尝试，最好做好碰许多次钉子的心理准备。创业者们至少对几个成功的创业故事耳熟能详，什么六分钟融来几千万美元，"当初软银投资马云，马云也是什么都没有，我为什么不能找 VC 融资"？马云成功的原因我在这里就不用分析了，你需要面对的是，一个案例的成功不能掩盖百万个创业者融资失败的现实。如果你因为马云能够轻而易举融到钱，就梦想也能有乐善好施的投资人来助你一臂之力——且慢，在你想入非非之前，我必须指出一个事实：如果你真的想创业，千万不要把希望寄托在投资者身上。

确实，有些除了商业计划书之外一无所有的创业者融到了大笔白花花的银子，这并不全是谣言，只是当事人和媒体在讲故事时往往会渲染一下传奇色彩。在现实中，即使是真正在做风险投资的机构，通常也很少愿意介入种子期的项目，而是主要投资成长期的企业。而且，投资人不是慈善家，不是天使，不会愿意承担比创业者更多的风险。VC其实是最霸道的，他知道风险在哪里，是否可控，你的企业是否有承受风险的能力。再从成功率来说，我的邮箱每年收到几百份各种形式的创业计划书，更不用说整个公司收到的，通常情况下，成功率不到百分之一。

而且，很多创业者自我感觉太好，以为很容易可以找到钱，但很多VC会心不在焉地看着你唾沫横飞，心想：你自认为项目那么好，那就自己先做好了，再来狠狠地敲我一笔吧。

成长阶段的融资

一家典型的公司通常要经历几轮融资。在这个阶段，创业企业在激烈的竞争中站稳了脚跟，羽翼开始渐渐丰满。产品已经投入市场，有一定的销售收入，不过利润还没有大到足以证明当初设想的商业模式是可行的。这一阶段的经典问题是：如何加大开拓市场的力度？已经拿到可观的订单，如何筹措足够的运营资金？

这时候找VC比种子期靠谱多了，是一个比较现实的选择。但由于企业规模还小，收入有限，运营并不稳定，市场前景也不十分明朗，在这个阶段投资的风险依然很大，因此VC在决策时仍会相当谨慎，往往会提出一些苛刻的保护性条款。

快速扩张期的融资

如果你的企业经历了市场的洗礼后稳定下来，管理团队也更加成熟，市场份额不断扩大，可能就开始进入一个快速扩张期。这时你虽然已经有不错的现金流，但是相对于市场潜力和业务扩展的需求，企业自身的资金实力显得有些力不从心。要抓住市场机遇，使企业更上一层楼，还是要借助更强大的外部力量。引进知名的战略或财务投资人，成为这一阶段的战略性资源。

虽然引进新的投资人会稀释创业者的股权，但是新的投资人不仅会带来解渴的资金，更可为企业发展带来管理、人才、品牌等其他有价值的东西。通过第二轮甚至第三轮私募融资，引入战略投资人或财务投资人，就能使公司以较小的代价，在尽可能短的时间内快速发展。

快速扩张期的融资很关键，有时你与竞争对手之间，融资决定成败。汉庭酒店在获得首轮 8500 万美元的融资后，去年年底又获得了第二笔 5500 万美元的融资。汉庭酒店 CEO 季琦表示，第二轮融资主要用于未来的连锁店扩张，并收购一部分其他酒店。之前，7 天酒店赢来第三轮融资，加上汉庭的第二轮，被业内人士认为是连锁酒店整合的开始。

成熟期的融资

经过前面的融资和发展，企业日趋成熟，上市开始进入创业者及股东们的视野。企业在上市前，通常会再进行一轮融资。携程、分众等大批在纳斯达克上市的公司都曾做过 Pre-IPO 融资。这轮融资也意味着创业企业即将修成正果，从私募股权融资市场毕业了。

我国创业板的推出使得一大批企业离上市似乎只"隔层纱"，对投资者的吸引力自然大增。这一轮融资就是吹响了 IPO（首次公开发行）的号角，一般比前几轮更容易。

据我所知，甚至有创业者同时向两三百家 VC "送秋波"，其实广撒网并不能提高成功率，出师之前做好功课，知己知彼，有的放矢更重要。有的投资者为防范风险，只投资中后期、晚期的项目，有的则偏爱种子期的项目，如天使投资人。而且不同的 VC 的投资额度是不一样的。

　　而且，大多数投资者都有特定的投资领域，即对某个产业领域的投资偏好。有的投资机构侧重于投资新媒体，有的则看好新能源、医疗、生物技术等，这也跟投资者的背景有关。20世纪90年代，VC在中国所投资的企业几乎都是互联网企业，新浪、搜狐、阿里巴巴都是融到钱的。但是，目前也有一大批VC热衷于传统项目，教育培训、餐饮连锁、清洁技术、汽车后市场等都是投资热点。因为传统行业一旦形成连锁品牌，很容易形成整体效应，而且像餐饮连锁、连锁酒店等行业在中国市场前景广阔，成长性很好而且回报稳定，也越来越受VC青睐。

第十章　你不得不看的VC内部档案

·
·
·
·

　　创业者与 VC 之间，不管融资是一场婚姻，还是一场战争，知己知彼都很重要。创业者希望把公司卖个好价钱，而 VC 都是些久经沙场的谈判老手，如果匆匆忙忙，或许你就是把自己卖个白菜价。甚至，如果你无法说服对方，你可能一文钱都融不到。

　　比如，有的创业者钱快烧完了，眼看着下个月揭不开锅了，急急忙忙连夜赶出商业计划书，然后赶紧找几家 VC 去谈。在创业者自己看来，这或许没有什么问题，我就是没钱了才去找钱啊，有什么不对？那么，VC 怎么看呢？

　　首先，"上赶着不是买卖"，你都快没钱了，你在跟 VC 谈判时就直接处于下风了，即使 VC 想给你投钱，也要先狠狠地跟你杀价啊，这是很简单的道理。

　　其次，恐怕很多创业者都被几分钟融资神话给误导了。神话的主角和媒体只拣最好听的部分，夸张、美化之后向大众传播，以至于大家都不关心，甚至完全不知道，创业者和 VC 看对眼后，还要经过一段漫长的、毫无浪漫色彩的流程，双方做了很多烦琐的工作后，钱才到账的，而且很可能是分批到账。

也就是说，钱包瘪了才去找钱，远水绝对救不了近火。听了你的故事就掏出支票的，不可能是正规的 VC，这涉及怎么也绕不开的一个流程。当然，天使投资人不在这个讨论范围之内。

再次，创业有创业的思路，融资也有融资的话语体系。问创业者要多少钱，这个好说，开个价谁都会。"200 万。"

再问："这个价钱怎么算出来的？"有准备的跟没准备的立见高下。

"好吧，你的企业估值多少呢？"又有不少企业家傻了眼，或者给出完全不靠谱的答案。

"如果我给你 200 万，你给我多少股份？"

"这个……"

所以，融资也是技术活，该做的功课一点都省不了。

VC 是谁？谁是 VC？

别看 VC 手里玩着大把的钱，少则上亿，多则几十亿，很风光很气派，其实，VC 都是"小公司"。通常，一家 VC 也就那么十几个人。十多年前，VC 还是个新鲜事物，几个人租个小办公室，还经常被当成骗子、皮包公司。这跟 VC 的工作性质有关，简单来说，VC 就是选项目、投钱，成交之后做公司的股权拥有者，并不参与企业的具体运营，所以一般不搞人海战术。

有融资经历的创业者们都有过这样的疑问："跟我接洽的 VC 什么都问，就是不肯给个准信儿，不会是耍我吧？签投资意向协议之前该问的他都问了，怎么还有其他人来我这里盘查呢？到底谁说了算？"这就涉及VC的内部分工和投资流程了。

一般来说，一家VC设有下面这些职位。

合伙人

VC绝大多数是合伙人制。因为风险投资是一个需要很强的眼光、能力和经验的行业，这些都是很个人化的特质，所以不能像一般企业那样由一个总经理抓总，而是需要高度成熟的合伙人相对独立地负责各个投资项目。

合伙人的背景是很重要的，投资人是不是愿意把钱交给一个基金去打理，首先当然要看这个基金过去的业绩。但是，国内的VC一般都很年轻，业绩可能看不大出来，这时合伙人的背景就格外引人注目。

合伙人可能来自投资银行等金融界的机构，也可能有成功的创业背景，也有来自财务等会计行业的。

一般来说，合伙人就是拍板的人，判断是不是投资一个项目。投资决策委员会一般都是合伙人组成的。当然，最重要的事情是：合伙人必须能够募集到资金。

投资经理

合伙人和投资经理是两个最重要的角色。合伙人拍板，投资经理则是帮忙看项目找项目的人。他们负责不断地看商业计划书，找合适的投资项目，做尽职调查，然后写可行性报告，等等。钱投给企业之后，投资经理还要负责项目的日常管理。

合伙人和投资经理是每一家VC必须设有的，不然玩不转。除此之外，各家VC的职位和对应职能就不太一样了。有的VC设总裁，有的设主管合伙人，都是基金的主要管理人，负责基金的募集、项目的管理和退出，决定内部各种重要的事。

有的 VC 还设**副总裁**或者**投资总监**，是合伙人的得力助手，大体就是找项目、见创业者、筛选项目、出入高新园区、参加会议。前面说过，VC 是小团队，总共就那么几个人，要干的活儿大同小异，所以分工就因不同基金而异。

另外，有不少 VC 机构中也设**研究员**，职责是对这家 VC 所关注和投资的行业做动向分析，为未来的投资决策提供参考依据，另一方面也对具体的项目做具体的行业分析、财务分析。在投资前，这些分析是尽职调查的一部分工作。决定投资之后，他们的工作是项目日常管理的一部分。

投资助理是大学毕业生进入 VC 行业的第一个台阶。他们要去找项目，参与项目的各个方面，做各种辅助性的事务，包括行业的调查、财务的模型分析等，总的来说是打杂，干苦活、累活。

听懂 VC 嘴里蹦出的名词

创业者和 VC 之间看对眼后，就开始进入一个投资阶段，通常是由 VC 主导的，也得按 VC 的惯例和行规来。你是想在 VC 面前一脸迷茫地"啊?"，还是看起来很懂行，让 VC 也不敢掉以轻心? 所以，没有办法，想融资，就要先把这些名词琢磨透。

投资意向协议

所有的投资意向协议里都千篇一律地说明，它并不具有法律效力。那签这个东东有什么用呢? 它并不是一纸空文，也不是形式大于实际意义，没有一个 VC 会随便给你投资意向协议的。

投资意向协议有点像一对恋人一见钟情以后，大家终于捅破纱窗，开始牵手，正式交往。但这时候离婚姻还有一定的距离，只能说大家表白了，都有结婚的意愿，然后把条件初步讲一下。

一般的投资意向协议都会有一个排他性条款，也叫独家谈判权。也就是说，你签了以后就不能和别的VC谈。对VC来说，投资意向协议可以锁定一个项目。

签了这个投资意向协议，VC就要正式开始尽职调查了。我们在后面会讲，这个尽职调查是多么烦琐费事，耗费钱财和时间。VC要付出人力，支付差旅费用甚至聘用第三方的专家，查看你各种形式的材料、档案，出具技术调查报告和投资建议。也就是说，没有一定的把握，VC绝不会和你进入到这个阶段。

那么，对于创业者呢？首先，这意味着你很有希望拿到这家VC的钱，虽然距离钱到手的日子还有点远。如果你对这家VC也心仪，那这是一件值得庆贺的事情。

其次，签了这个协议，等于你认可排他性条款，这段时间，可能是几个月，你就要专一了。最后大家喜结连理当然是皆大欢喜，但这桩交易毕竟也有黄掉的可能，那就错过了你融资的好时机，所以要三思再签，不能看到没有法律效力，挥笔就签。

再次，这意味着你可以请律师了。最好请操作过这类融资案子的律师，他的经验能帮你很大的忙。

另外，"投资意向协议"这个名词你可以活学活用。创业者总免不了催别人，催促是一门艺术，催货、催债、催员工，这些创业者可能都各自有心得。催VC呢？不要老是问"你什么时候给我钱"，一问就显外行，如果连投资意向协议都没签，这个问题他确实没办法回答你，投不投钱都是完全没谱的事。你可以试探性地问问："我们什么时候可以签投资意向协议呢？"

最后，如果拿到投资意向协议，意味着你急需恶补下面一大堆名词。投资意向协议的主要条款你要一字不落地看清楚了，如果尽职调查顺利通过，一般律师就会来起草投资的法律协议。其实，律师的工作只不过是把投资意向协议上的原则条款变成严格的法律语言而已。

优先股

VC 通常不会做公司的大股东，他让创业团队拿足够的股份，这样才会有拼命三郎团队。但是，作为最精明的商人，VC 如果愿意少拿点股份，那么他们一定要求股份的"质量"，他们拿的是"优先股"。

那么，优先股意味着什么？

首先，优先股意味着 VC 有优先清偿权。也就是说，如果企业破产，清算后的剩余资产，VC 可以先拿走他的投资本金和预先约定的最低回报。如果还有剩，你和你的团队才可以从里面分。

举个例子，VC 投了你 100 万，有一天你的公司运营失败，撑不下去了，决定卖掉。这时只能卖个低价钱，比如 60 万元，那么根据约定 VC 会行使优先清偿权，把这 60 万全数收入口袋里走人，创业者辛苦一场，竹篮打水一场空。如果卖的价钱相对好些，150 万，那么 VC 先拿走 100 万，再加上约定的最低回报，假如说算出来是 30 万，那总共拿走 130 万。剩下的 20 万再给创业团队分。

其次，意味着 VC 有股份转换权。如果企业红红火火，前途一片光明，VC 可以选择将优先股转成普通股，可以去控制企业的资产和决策。如果企业最终还是卖掉，但是卖了个好价钱，VC 也可以把股份转换成普通股，换成现金。

再次，优先股意味着 VC 有决策权。一般优先股并不享受表决权，但公司里的重大决定，比如任命 CEO、CFO，对外收购或出售公司，每年的计划方案，VC 都可以说话。

最后，还有可赎回性，就是说如果企业没有达到预期的发展速度，VC 可以要求企业购回这些优先股；另外，企业要支付优先股的红利给 VC。

到这里，创业者也许才算真正明白，天底下没有免费的午餐啊。也有创业者到了这一步愤然回头的。VC 过分吗？要知道，创业者可能在拿到钱之前是弱势群体。但对于 VC 来说，投了钱之后，他就是真正的弱势群体！为什么？VC投钱不像银行贷款，风险投资是没有财产抵押的，万一创业者胡乱烧钱，VC的钱就等于打水漂，那时VC真正是欲哭无泪；而且，市场是最变幻莫测的，资本是增值还是贬值，在没有发生新的资本事件之前，完全是未知数；如果你的企业并不是想象中那么高成长、发展顺利，VC的钱就长期陷在企业里了。

所以，VC拿优先股是行规，这一条基本是没商量的，你只有回答"YES"或者"NO"。

创始人的期权股

当VC的钱到账后，创始人的股份实际上变成了"期权"，行权期一般是两三年。

之所以要把创业者的原始股权变成期权，也是因为VC要防范风险。如果创业者拿到钱就翻脸不认人，之前说给VC听的那套好话全部不算数，自己"为非作歹"，VC总不能干着急啊。他把你的股份变成期权，在行权期，也就是那两年或者三年之内，如果你不好好干活，你没有兑现的期权股就得一五一十地让出来，VC可以赶你走。

VC在给你钱之后，还会用这些条款约束创业者，要不你好好干活，要不就走人。当然，这也是为了双赢。这一条同样是标准条款。

里程碑

里程碑的意思是，在你的企业发展道路上，定下来几个有重大意义的点。假设你从零开始创业，那么你可能的里程碑有：推出测试版的产品；推出正式产品；争取到第一个重量级的客户；销售额达到300万到500万美元（这通常意味着你已经解决了定价问题）；销售额达到1000万美元（通常意味着你的直接销售团队卓有成效）；销售额达到2000万美元（这意味着你的渠道已经落地）……仅供参考。这些里程碑不是虚的东西，拿到VC那里去讨论，一般都要经过数字的量化，不能张嘴就来。

里程碑有什么用呢？首先是给你自己定出一个个阶段性的目标。然后，你要预计，自己将要花费多少资金和时间来达到这些目标。要达到下一个里程碑，你觉得需要多少钱？这可以成为你跟 VC 开价的一个重要依据。

注资周期

VC 承诺向你投资听起来很可观的一大笔钱，实际上这笔钱通常不会一步到位，而是会根据预先谈好的里程碑，包括财务预测，分期、分批投钱。

也就是说，你要看看 VC 第一批给的钱，够不够你做到第一个里程碑？如果不能，下一次注资可能就要泡汤了。另外，看清楚下一次注资的其他条件又是什么？

累不？看到这里创业者可能要出一身冷汗了。可是没办法啊，这里贯穿的思路就是 VC 要想办法控制投钱以后的风险。既然你之前信誓旦旦自己要做好，企业一定能做大，这些限制条件就是要逼你快马加鞭、早日兑现诺言的，你可以讨价还价，但是基本不会有原则性的改变。

对赌条款

能拿到钱的创业者都会讲激动人心的好故事，但是，万一你说的比唱的好听，钱投给你了，你讲的却做不到呢？ 不要以为吹牛真的不用上税。

VC 通常要你签对赌协议，除了可以用"预测利润"作为对赌条件外，也可以其他条件，比如收入、用户数、资源量等。 如果你达不到预测利润，VC 会降低企业估值，下一轮给你少投点；那如果利润超过预测，是不是可以提高企业估值呢？通常不会。VC 当然希望你做得越大越好，但是如果估值也可以往上调整，VC还赚什么？

创业者心想，又来坑我！但是，你可以不接受，我也可以不投啊！我们在公司的真正价值上没有办法达成一致，你觉得你的公司比Google还有前途，我持一点怀疑态度。如果达不成协议，你又不接受对赌，这个投资是没有办法做的。要知道，对赌不是赌博。因为签了对赌协议，VC也希望创业者赌赢，那意味着企业做到了预定的里程碑，这是最好的结果，创业者赢才是双赢。万一创业者赌输了，那是两败俱伤，没有赢家。

所以，对赌协议其实是合理的机制，并没有什么倾向性。不过，在签对赌协议时，创业者要慎重，有时对赌协议很长，要有耐心看清楚，看明白再签。

核心团队非竞争条款

这条相信做技术出身的创业者不会陌生。这个条款的意思是，核心团队的成员如果离开了公司，在三至五年，甚至更长的时间内，不能从事同类或相关的行业。

期权池

VC会跟你说，我投钱之前，你要拿出相当一部分股票，作为未来新进高管和员工的期权池。

把期权池放在投资前估值中，对VC是有好处的。

首先，这样期权池就仅仅稀释普通股。如果期权池是在投资后估值中，就会等比例地稀释普通股和优先股股东，也就会把VC的股份也稀释了。

其次，如果你在下一轮融资之前就把企业卖掉，所有没有发行的和没有授予的期权就会被取消。这种反向稀释让所有股东等比例受益。别忘了，一开始为稀释埋单的是你，跟VC没有关系。换句话说，你退出的时候，你的部分投资前价值就进入了 VC 的口袋。

这个期权池是指给未来高管和核心员工的股份，给多少、什么时候给是可以商量的，企业家唯一能做的是根据公司未来人才引进和激励规划，尽量确定一个小一些的期权池。

算好你的企业值多少钱

融资其实是一桩买卖，就是卖掉一部分企业股份。既然是买卖，就涉及价格的问题。跟卖菜、卖衣服一样，买家如果看中你的东西，他自己心里也会出个价，要跟你砍价。

创业者要融资，企业估值也是最重要的功课之一，但就我所接触的情况来看，很多创业者对估值一无所知。

有的创业者认为，企业值多少钱，要计算企业有多少资产。把自己的固定资产、净资产等，会计报表上的权益加总，得出来一个企业的"总价值"，再在这个基础上溢价。但是，很多创业企业根本没有什么净资产，很多"轻公司"可能一开始只有几台电脑。

也有的创业者前期投入很多资金、人力和物力，但业务还没有开展起来。于是，创业者认为："我的企业价值，至少要比我已经投入的要多吧？" VC 对你的沉没成本可没有什么兴趣。

当然了，还有一种典型的"创业者估值法"，就是把"可能性"误当做"估值"的一切基础，无限放大自己的幻想，还没赚到一分钱，在要价时却把自己当成 Google。但是，请切记，最终的成交价格是由买方来定的，而不是你漫天要价要出来的，尤其是在风险投资这个买方市场中。

其实，VC 既不是出钱去买企业的资产，也不是为你承担成本，更不会为你的梦想埋单。他们看重的是企业未来的盈利能力，也就是你未来能赚多少钱，在资本市场上能增值多少。我们说一个企业值钱，意思是说它的未来是值钱的。比如Google，它的市值已经超过1300亿美元，但它2007年的利润也就是40多亿美元，一对比，它的市盈率就高得吓人了，为什么每年赚40亿的公司价值竟然有1300亿？这是因为资本市场十分看好它未来的盈利能力。

现在，国内的VC比较认可P/E估值法，因为VC是投资一个公司的未来，是对公司未来的经营能力出价。根据P/E估值法，公司价值＝预测市盈率 × 公司未来12个月利润。

公司未来12个月的利润可以通过公司的财务预测来估算。一般说来，预测市盈率是根据历史市盈率打一点折扣。比如说，纳斯达克TMT行业的平均历史市盈率是40，那预测市盈率大概是30左右。对于同行业、同等规模的非上市公司，预测市盈率需要再打折扣，大概是15—20。对于同行业的规模较小的创业企业，预测市盈率需要再打折扣，就成了7—10。

这就是目前国内VC对企业估值的主要方法。比如，如果某公司预测融资后下一年度的利润是100万美元，公司的估值大致就是700万—1000万美元，如果VC投资200万美元，公司出让的股份大约是20%—35%。但是，对于还没有产生利润的公司，P/E就没有意义了。

至于还没有利润的早期创业公司，实在很难确定出一道估值公式。创业者和VC通过谈判来讲价，可以参考一下同行业已有的收购案例，看看那些公司的估值大概是多少。除此以外，很难有可以精确量化的方法。

提醒创业者们重视估值，并不是说一个企业的融资价格越高越好，因为除了真正Pre-IPO项目，这轮融资的价格越高，下一轮的压力就越大，融资的难度也就越大。这一轮价格过高，下一轮就没有人会投你了，原因很简单：投资者都是要赚钱的。

而且，有些创业公司拿到超过实际需要的钱，结果"钱多坏事"，有钱了就开始快速烧钱。但是，乱烧钱难以带来相应的公司成长，这迫使他们进入调整甚至裁员的过程——烧完上一轮融资的钱，浪费了两年宝贵时间，公司又回到原点，这就形成了恶性循环。在这个过程中，不论是创业团队、公司员工，还是投资机构，实际上是受害者，没有受益者。

延伸功课

投资回报(ROI)

ROI 是唯一一个可以衡量投资的标准。企业家将资金投入到某个资产中，使该企业得到收入，这些收入要能付清所有运营成本，并出现盈利。按照投入资产的资金分配盈利，这部分分得的盈利就是 ROI。你可以这样考虑：如果你的 ROI 每年仅有 6%，你愿意将所有时间花在工作上，并且承担所有的责任吗？恐怕没人愿意做了吧。盈利和投入的总资金的比值越大，ROI 越高。

内部报酬率（IRR）

这是企业家作决策时必看的一个指标，IRR 和 ROI 不同，它是企业家对整个项目的净回报的一个期望值，而后者比较简单。所有的投资都需要一个特定的投资者可以接受的 IRR，如果公司不能达到这个 IRR，投资者就不会投资。

固定资产基础

这是公司采取长期策略的基础，具体体现为机器、设备、汽车和厂房，IT 设施和长期合作公司对公司的投资等。从财务的角度看，这些资金都能产生收益。当企业家决定投资于某个固定资产时，这个资产就成为公司工作的基础，为顾客提供业务和服务。

工作资产

工作资产是一些短期的资产，包括银行存款、用于短期投资获得利息的资金，存量资金，和能收回的应收账款减去公司的流动负债得到的就是流动资金，知道手头有多少可能使用的资金就可以作出短期决策。例如，如果公司有 50 万流动资产和 35 万流动负债，那么就有 15 万可以自由流动的工作资金。

筹资成本

这个指标是筹资的真正成本。一些资金是通过债务的方式取得的，债权人没有多大风险，所以成本也不高，而一些资金是通过权益资本的方式取得的，投资者承担了很大风险，所以成本也比较高。这种债务低于成本，权益资本高于成本的现象就引出了下面一个指标。

筹资综合成本率

如果公司采用债务和权益相结合的方式，这是公司每年为这些支付的成本。当业主考虑一个新的投资时，IRR 至少要等于筹资平均成本率，如果无法满足这个条件，收入无法支付成本，这样的话再采取新项目就没有什么意义。

额外风险

企业家必须了解他们作的每个决策都是有风险的。如果项目 A 的风险比项目 B 的高，那么采用项目 A 就会有额外的风险。额外风险会带来额外的收益。公司老板总会考虑额外的风险带来的收益和成本是否相称。

系统风险

指的是那种不是针对于某个个别企业的风险，而是全行业的风险。

譬如说利率水平的调整、美国经济整体变动或是雇用某种技术工人的难易度的改变等等，这种无法人为改变的事实。

非系统风险

针对于某个个别企业的风险，譬如说公司产品、购买者和促销方案、价格、IT 系统等等，可以通过各种途径化解。面对额外风险、系统风险和非系统风险时，规则就是期望的回报总是和风险相联系的：风险越低回报越低，风险越高回报越高。

第十一章　亲爱的，你拿什么吸引我？

．
．
．
．

　　我接触过很多创业者，对自己的项目都很自信，有时甚至达到自恋的程度。当然，连自己都不相信的创业者，我们是不会投的。但是，VC看你，跟你对着镜子看自己，得出来的结论肯定不一样，甚至是天差地别。

　　VC的钱是有限的，而且任何一个VC投钱都是很谨慎，甚至在创业者眼中很"磨叽"。需要钱的创业者太多太多，所以没办法，如果你真的要找VC，最好先换位思考，用VC的思维方式评判一下自己：如果你是VC，你看上你自己什么？

　　下面，我就讲讲作为一个VC，我自己是怎么选项目的。我一般要看这些方面：成长性、想象空间、商业模式、领域、产品。其中关键是成长性和可能实现梦想的团队。

拜托你给我点想象空间吧

　　投资者和讲故事分不开，VC热衷于听故事。有什么比一个好故事更能激发投资者的想象力呢？例如Google，或者是中国复制版本的百度，当投资者爱上它们那令人信服的成长故事时，它们的股价就一飞冲天。

一个平庸乏味的故事会瞬间扼杀 VC 的投资欲念，既然你不能给他们想象空间，那就有请下一位吧。我收到很多商业计划书，但说实话，很少看到好故事。例如有一个创业者是在小区里面卖米，在长三角地区一个一个小区商店地慢慢进入。我感觉他是一个很踏实的创业者，也不否认这个项目赚钱的可能性很大，但是空间很小，做不大。这样的项目找 VC 基本是浪费时间。

有些创业者过分中了蓝海的毒，是的，你是在蓝海里面，可你这个蓝海只有游戏池那么大，而人家的红海有太平洋那么大。这样一眼就看到尽头，没有什么想象空间。

我很赞成创业者从小做起，从自己有把握的事情做起，先把一件事情做成。即使是菜市场里卖萝卜卖得最好的人也有他的生存空间，说不定还会过得挺滋润，但 VC 追求的不是卖萝卜的回报。有一个创业者最初做一家靠出卖技术为主的公司，VC 跟他一盘算，靠出卖技术最多只有 600 万元的市场空间，这是一个典型的没有想象力的故事。VC 建议这位创业者从出卖技术转向做一个互联网平台企业，故事的想象空间一下子拓宽了。

我们看看，张朝阳是怎样用一个中国互联网故事换来一笔天使投资的。

"顺应我们这个时代最伟大的两个潮流，一是信息高速公路时代的到来，另一个是中国作为全球大国的崛起。"张朝阳从麻省理工学院毕业回国，用英文将这两句话写在他的第一份商业计划书——"中国在线"的封面上。其实那时他还不清楚自己到底要做什么样的网站。

而张朝阳讲述的中国互联网未来的故事引起美国天使投资人极大的兴趣，他就这样得到了第一笔投资。

不过，讲故事不是数字新媒体行业的专利，传统行业的好故事也很受 VC 欢迎。

真功夫的 CEO 蔡达标就是讲故事的高手。在见了十多家 VC 后，他学会了怎么样对 VC 讲故事，才能要个更好的价钱。

真功夫的故事其实一句话就能概括清楚，那就是"做中式快餐的麦当劳"。这个故事为什么会有这么大的想象空间？原因在于中国是一个快速增长的消费市场，在消费升级的年代，这个市场已然成为一架性能良好的印钞机。因此，今日资本投了 3 亿元给真功夫。

蔡达标讲的真功夫故事有几个要点，那就是：这个市场的需求很大，我们的生意模式很有特点，品牌效益也是有口皆碑。

餐饮行业的故事很容易被 VC 理解，因为这几年中国餐饮营业额每年以两位数的速度稳步增长。在这样一个背景下，很多连锁模式的餐饮企业得到 VC 青睐。而且，餐饮业的品牌一旦建立起来，很容易产生规模效应。

无论在哪个领域，要吸引到 VC，首要的一点是讲一个好故事。故事的内容包括为什么这个项目值得投资，这个项目的市场前景和市场需求怎么样。一个好故事跟市场规模也有很大关系，你选择的行业细分市场必须有一定的规模，比如 20 亿—30 亿人民币，而且这个规模还在快速增大，这样就有想象空间。

另外，对 VC 讲故事不是信口开河、天花乱坠，因为你讲的不是童话，你的目的是征服 VC，让他心甘情愿地给你投钱。因此，你的故事要有理有据，有理性的指标，不仅要激发 VC 的想象力，还要让他信服。

好团队是必要条件

正常情况下，VC 是看了项目，再看团队，团队好就投，团队不好，就不投。所以关键还是人。马云说，宁要一流的团队，三流的项目，也不要一流的项目，三流的团队，就是这个道理。任何业绩和奇迹都是靠人创造的。

现在，VC界里面"投人派"越来越占主流。大家都认可，投资就是"投人"，先有人后有事，没有这个人就没有这个事。三流的项目改成二流、一流的项目是有可能的，但你不可能去改变人，不可能改变团队的素质。有时候，如果有一个好团队，他们的项目失败了，或者项目实在不好，我们没法投这个项目，也会想办法帮他们介绍新的项目，因为真正好的团队可遇不可求。

什么样的团队是好团队呢？我认为首先要有一个灵魂人物，像狮子王，或者像刘备，要有凝聚力。从整个团队来看，除了核心成员的互补性，更重要的是经过磨合，成为一个稳定的、默契的团队，有一种合力来做好一个企业，而不是搞内斗，把彼此的才华能力都抵消掉。

VC怎么看团队呢？人是最复杂的，而VC又不是神仙，所以通常只能大致看看团队的构成和经历等一些表面的东西，再通过平时接触的一些细节进行考察。比如，有一位同行投过一个项目，项目本身很有潜力，团队也不错，CEO的能力和人品都让人满意。但是他们发现有一点：这位CEO很喜欢车，常常开快车。VC就有点担心，时不时劝告他开车开慢点，当然这是徒劳。后来，这位CEO果然就出了车祸，英年早逝，他的公司自然也就付诸东流了。所以，人的不可预见性太强了。

真正的好团队需要经过时间和事件的检验。比如携程，我当时不投，是因为项目不行，当初他们可不是做现在的携程，后来项目失败了，这个团队的优点就显现出来了，他们改变了项目，所以成功了。

携程的四个创始人来自四个行业：梁建章是甲骨文中国区的咨询总监，沈南鹏是德意志银行亚太区高管，季琦创办过上海协成科技公司，范敏是对旅游最熟悉的。

携程上市之后，CEO范敏这样评价他们的团队："就像是盖楼，季琦有激情，能疏通关系，他去拿批文、搞来土地；沈南鹏精于融资，他去找钱；梁建章懂IT，能发掘业务模式，他定出大楼的框架；而我来自旅游业，善于搅拌水泥和沙子，制成混凝土去填充这个框架。"

这四个创始人中，范敏至今担任携程的掌门人，其他三个淡出了携程：沈南鹏创立了红杉中国；梁建章保留着董事会主席身份，常年游学海外；季琦先后创办了如家快捷和汉庭两家经济连锁酒店。创始人能够适时退出，对一个企业的发展、成熟也很关键，所以这真是一个难得的团队。

商业模式最好简单又独特

创业板倾向于"两高"（即成长性高、科技含量高）以及"六新"（新经济、新服务、新农业、新材料、新能源、新商业模式），这不仅为VC指出了新的方向，也为创业者指出了方向。

简单来说，商业模式就是企业赚钱的方法。资本的天性是逐利，如果你连怎么赚钱都不知道，恐怕就不太乐观了。商业模式有多重要？管理大师彼得·德鲁克说："当今企业之间的竞争，不是产品之间的竞争，而是商业模式之间的竞争。"

我们的一位美国同行曾经对商业模式有一个形象的描述：何谓商业模式？一块钱在公司里转了一圈，最后变成了一块一，增加的一毛钱就是商业模式带来的价值。具体来说，关于商业模式，你要回答四个问题："企业做什么？如何赚钱？赚多少钱？为什么能赚这么多钱？"

每个企业的成功，一定都有着最核心的运营逻辑。我认为，创业者的商业模式最好是简单而且独特的。这点我在第一部分已经讲过。

我碰到的创业者，只有少部分能够在几分钟内，简单、明了、清晰地阐述自己的商业模式。VC界有一个词叫"电梯游说术"，也就是说，创业者跟VC搭同一部电梯，要在电梯上下的时间内，向VC介绍自己，并且打动VC。这很可能是创业者跟这个VC接触的唯一机会。如果你在几分钟内都讲不清楚，即使不是在电梯里，恐怕也没有VC愿意顶着一头雾水继续听你絮絮叨叨。

为什么喜欢独特的商业模式？因为不同的时代需要不同的商业模式，而创新的模式可以比传统的商业模式提供更多的价值，也就更有优势。

其实，即使是从事同一种业务，也会有不同的商业模式。家饰佳集团董事长王张兴在 2005 年胡润财富中国排行榜第 43 位，他的本行应该是建材生意，但他的商业模式很独特。

王张兴从哈佛案例里读到，麦当劳、肯德基不光是卖汉堡的食品零售商，而且是拥有众多顶级地段黄金物业的地产投资商。他花 3600 万元买下的上海宜山路一个药材仓库，本来准备建商品房，但他从这些案例中得到启发，搞了一个新的商业模式。他不建商品房了，而是投入 1000 万元搞装修和市场推广，创办了家饰佳品牌建材商场，从建筑商转型大型物业租赁和投资商。几年间，家饰佳宜山店每平方米市值从 3000 元提高到了 3 万元。与此同时，家饰佳宜山店也从 1.5 万平方米扩大到 6 万平方米，成了一个商业广场，物业评估市值超过 20 亿元。

这就是独特商业模式的力量。

企业的成长性

VC 投资的是企业的成长性，赌的是企业的未来。怎么看企业的成长性？首先，所处行业具有一定规模的市场，属于高增长的新兴行业。我们从上往下选，这个好行业里面的前三名一般都可以入选高成长性企业的名单，它们不需要找 VC，盯这个行业的 VC 会主动去游说前三名拿他们的钱。

让投资人看到你已经做出来的业绩，那是最好的。在新兴产业里面，资本最看重的不是绝对的规模，也不是绝对的利润，而是增长速度，高成长能力其实就是可持续发展的能力。

跟市场规模相对应的是市场特性，这个特性可以判断它是非常零散的市场还是寡头垄断市场。如果进去之后有很多家强劲的竞争对手，它的成长性就值得考虑。

有时我会遇到一些创业者，强调因为他们的产品或技术十分创新，因此没有竞争对手。竞争对手太多和没有竞争对手，基本都会让VC放弃你和你的项目。如果你在行业里没有竞争对手，大概是两种可能：你"夜郎自大"，对自己的行业不太了解，所以连竞争对手的情况都没弄清楚；或者是你所处行业潜力太小，没有其他人想玩！江南春融资时，他时刻"惦记"着聚众，并毫不避讳地告诉VC，他需要跑在对手的前面。这也是当初江南春能打动VC基金的原因之一，他坦诚，对行业有洞察力、对竞争有信心。

如果行业靠谱，市场规模也不错，接下来判断一个企业有没有很高的成长性，就需要比较强的识别能力，要看看这个企业有没有很强的市场开发能力。成长性企业一定是建立在创新的基础上的，要超过别人，就一定要在某些地方具有新意，才能在市场的空隙里找到生存的立足点。最成功的企业应该能够打破常规、转变客户观念。

"天才不遵守规则，他制定规则"，而对于成长性企业来讲，如果能够改变客户的观念，制定了游戏规则，就是大赢家。微软、麦当劳之所以赢得了巨大的市场份额，就在于他们改变了客户的观念，抢占了市场的制高点。比尔·盖茨改变了人们用纸办公的观念，普及无纸办公，从而创建了微软帝国；麦当劳将烹调食物改变为速食或快餐，从而它的门店遍布全球；戴尔抛弃零售观念，从而一跃成为全球最大的硬件代理商。

产品才是硬道理

创业往往要做出一个产品，那么，你的产品和服务怎样为客户创造价值，创造什么样的价值，省钱、省时、方便还是时尚？你的产品是不是有一个广阔的市场？有没有数量可观的客户快速接受你的产品，并且愿意掏钱埋单？

我们看到很多成功的企业，创始人都是做产品出身的，他们会关注产品的创新、差异化，也会关心顾客的认可。你设计如家这样的产品，如果没有商务旅行客户欣赏，那这种产品就是失败的。在商业社会里，最重要的是你的产品被人们接受。企业的成功一定来自客户对你差异化产品的认可，产品要能够带来相应的优越的用户体验。

我们有很多技术创业者，他们做出很多有独创性技术的产品，但这些企业没有成功。为什么？因为没有被市场接受，创业者没有做好市场调研。无论是硅谷还是今天我们国家的创投，投资高新技术领域的，都很怕创业者讲起技术夸夸其谈，把自己的技术说得天花乱坠，说起市场却知之甚少，他的看法都站不住脚。很多好企业在产品的研发过程中，会认真了解用户群对这个产品的看法，这样做出来的产品在市场上成功的几率就比较大。

放眼当今世界上最成功的企业，他们的 CEO 或创始人都是跟产品死磕的疯子。20 世纪 80 年代初，乔布斯把当时百事可乐的主管斯卡利动员到苹果公司："你是想一辈子卖糖水，还是想做点改变世界的事？"与乔布斯共事了两年，斯卡利和乔布斯的矛盾白热化，斯卡利策动董事会炒掉了乔布斯。

斯卡利在回忆录中写道：乔布斯是个"偏执狂，他不能接受真实世界里的丝毫缺陷……乔布斯想让苹果专注于生产优质消费品，这真是疯了——高科技怎么能被设计成消费品来卖呢"？！当然，事实证明，斯卡利错了。直到今年，病休在家的乔布斯仍然参与苹果的产品决策，他定期评估产品和产品计划。

企业开始做的时候一般都很小，精力和资源有限，我希望创业者的时间和精力更多地花在产品上面。

　　除了这些要素，我们还要看创业者所进入的领域。创业者千万不能单纯地相信无论做什么生意，只要努力去做，一定会赚钱。这种想法真的很傻很天真。有很多行业的生意再努力也不来钱。这不是运气或者本事的缘故，而是由整个宏观形势和产业结构所决定的。逆着趋势和潮流而动，很难有什么好结果。

第十二章 找VC之前必做的问卷

· · · ·

没错，这一箩筐问题谁看了都会头疼。但是，这些正是每一个投资人都会变着法子拷问你的，提前演练总比临场发挥把握更大。而且，这正是一套让你系统地进行自我检验的问卷，能让你的思路更清晰，找出漏洞，及时打补丁，完善自身。

一、 你的眼光和远见是什么?

1. 你看中了什么样的机会?

2. 目前的市场潮流和将来的市场趋势是什么?

3. 你要做什么事情?

4. 你要解决什么问题?

5. 你对企业发展的愿景是什么?

6. 你将来想要成为什么样的人?

二、你的市场机会是什么?

1. 你的目标市场有多大?

2. 这个行业的销售额和成长率是多少?

3. 你的目标市场发展有多快?

4. 这个市场有多成熟?

5. 在这个行业中，成功的关键因素是什么?

6. 对你的企业影响最大的行业变化是什么?

7. 在你所处的行业中,有没有季节性的影响因素?

三、 你的产品是什么?

1. 你的产品或服务解决了什么问题?

2. 你的产品或服务有什么特别之处?

3. 你预期的产品生命周期有多长?

4. 技术上的进步对你的产品和企业有怎样的影响?

5. 你的产品有作为标识的商标?

6. 你的产品可以重复使用吗?

7. 你产品的质量怎样?

8. 你的产品价格是高还是低?

9. 你的产品是维他命、阿司匹林还是消炎药? (是奢侈品、有益的东西还是必需品?)

10. 你的产品有哪些替代品?

四、 你的客户是谁?

1. 你现在的客户是谁?

2. 你的目标客户是谁?

3. 谁会为你的产品或服务付费?

4. 你的客户是不是最终的用户?

5. 你面对的是大众消费者还是少数几个大买家?

6. 客户为什么购买,或者将会购买你的产品?

7. 你的客户群体有多大?

8. 你的客户群体在统计上的特征是什么?

五、 你怎么吸引客户?

1. 争取一个新客户要花多少钱?

2. 维护一个老客户要花多少钱?

3. 在你的营销计划中,最关键的因素是什么?

4. 在你的营销计划中,广告有多么重要?

5. 随着你的产品或服务逐渐成熟,你的营销战略会有什么改变?

六、你怎么样做销售?

1. 销售程序是什么?

2. 广告计划对产品的销售会有什么影响?

3. 从最初的购买者接触到实际的销售,这段时间有多长?

4. 你的销售计划是什么?

5. 你的销售渠道是什么?

6. 你的销售渠道能够有效地把产品卖给目标用户吗?

七、你的管理团队怎么样?

1. 你的管理团队里有谁?

2. 他们有什么样的业务经验?

3. 他们的职位和职能是什么?

4. 管理团队的各位成员的创业动机是什么?

5. 你的管理团队欠缺什么能力或特质?

6. 你有什么计划去弥补团队的短板?

7. 你的管理团队执行力怎么样?

八、 你的商业模式是什么?

1. 你打算怎么样赚钱?

2. 这个模式是不是可行?

3. 你什么时候能赚到第一桶金？

4. 这个模式能不能做大？

5. 这个商业模式有没有成功的先例？

6. 如果这是一个新的商业模式，你打算怎么推广？

九、 你的竞争对手是谁？

1. 谁是你当前和潜在的竞争对手？

2. 你的竞争对手在哪些方面比你强？

3. 和竞争对手相比，你的价格、性能、服务等方面有什么优势？

4. 在和更大的企业竞争时，为什么你的企业会成功？

5. 据你估计，你的竞争对手会对你的进入做出什么反应？

十、 你的合作伙伴是谁？

1. 谁是你的销售或技术合作伙伴？

2. 你的供应商是谁？

3. 你是不是有压价能力？

4. 这些合作伙伴是不是稳定、可靠？

5. 你打算怎样维护跟合作伙伴的关系？

6. 你计划发展谁成为你的合作伙伴？

十一、你的技术活怎么样？

1. 谁拥有专利？

2. 你和专利权人之间的许可协议是什么？

3. 其他人是不是也有许可协议？如果有，对你的企业有什么影响？

4. 目前的研发方向是什么？

5. 研发部门的进展对将来的销售会有怎样的影响？

6. 企业投入了多少研发经费？

7. 今后 5 年，企业分别打算投入多少研发经费？

十二、 你的融资计划是什么？

1. 你已经得到谁的投资？

2. 你现在的股权结构是什么样的？

3. 你希望得到多少钱的投资？

4. 你打算出让多少股权？

5. 你打算把资金用在什么地方？

6. 如果这次给你投资，资金是不是可以支持企业做到下一个里程碑？

7. 你还打算在什么时候，吸引多少资金？

其他可能的问题

1. 在你成功的条件里，有什么还只是假设？

2. 有什么因素有可能一夜之间毁掉你的企业？

3. 企业的薄弱环节是什么？

第十三章 用商业计划书敲开VC大门

·
·
·
·

　　如果你要去找VC融资，最现实的敲门砖就是——商业计划书。现在，商业计划书已经不是什么新鲜事物，但凡要找VC的创业者，绝大多数都有自备商业计划书的意识，网络上流传的模版也很多，似乎商业计划书已经变成人人可学、人人会写的玩意儿了。但是，就我收到的商业计划书而言，有阅读价值的越来越少了，能够打动我掏钱的就更少了。

　　如果你的项目有潜质，但是敲不开VC的门，很多时候问题出在商业计划书这块敲门砖上。很多商业计划书没有把该说的说清楚，我想了解的问题你没有好好讲；还有不少创业者自以为是，搬起石头砸自己的脚。

　　没人会要求一个创业者把商业计划书写得十全十美。一个正常的VC不会奢望找一个十全十美的项目、团队，也不会要求一份商业计划书写得完美无瑕。但是，VC的基本功就是看商业计划书，一眼就能看出创业者是不是认真做功课，是不是加足了作料。再说，VC最后都是要退出的，因此，他需要一个能够让他感动的东西，这样他才能下定决心，有信心今后可以卖给别人或者上市IPO。

137

商业计划书的"三要三不要"

在动笔写商业计划书之前，希望创业者先明确，你写的这份商业计划书至少要讲清楚三件事，不然就没有什么价值。

1. 验明正身，你到底是谁（who）？——你和你的团队有没有成功的潜质。

2. 言归正传，你要做什么（what）？——你的产品或服务到底有什么价值。

3. 实话实说，你要怎么做（how）？——向我们证明你的执行能力，看看你的企业有多大的把握能成功。

这是"三要"。那么"三不要"呢？

1. 不要仅仅把商业计划书当成忽悠VC的手段。

可能很多创业者都是打算找 VC 了，才匆匆忙忙赶制一份商业计划书。其实，创业之初，下工夫制作商业计划书，可以使创业者理清自己的创业思路。一个项目在脑海中酝酿时，经常非常美妙，创业者总是难免加入不切实际的想象，压制理性的考量。写一份商业计划书能使你头脑冷静下来，把不利的因素也写下来；走到目标客户活动的地方，面对面交谈一下，做一个靠谱的市场调查；了解竞争对手，最好到人肉的程度；自己亲笔算一下财务预测。这样反复推敲，就可以验证自己的创业理想是不是真正切实可行，是一场空想还是真的有诱人的商业前景。通过写商业计划书，创业者会对自己的项目有比较清晰的认识。

2. 不要把VC当傻子忽悠。

有些创业者为了拿到 VC 的投资，声称自己的目标市场无限大，就好像《非诚勿扰》里面葛优的分歧解决终端机，能公平、和平地解决人类分歧，因此全世界60多亿人应该人手一个。还有的创业者声称自己的行业是冉冉升起的朝阳，自己的项目前无古人后无来者，找不到竞争对手，我见过的大多数公司的预测中，都说发展速度要超过Google，很快很快就能上市……

我实话告诉大家，VC会犯错，但是看商业计划书的时候绝对是火眼金睛，这种不太高明的骗术就算了吧，这会是典型的搬起石头砸自己的脚。

3．不要试图给VC制造假想敌。

有些创业者在发送商业计划书时，会在邮件正文里写上"IDGVC对我们很感兴趣"，"红杉资本要给我们投800万美元，但我们希望的融资额是1000万美元"。他们可能认为这样能使VC趋之若鹜。做梦吧。你是跟VC谈融资，不是买衣服或者买菜，虽然咱们都是凡夫俗子，但融资毕竟是比较上档次的事情吧？

VC的六大关注点

以下六项内容都是VC特别关心的，所以你在商业计划书里都要一项一项讲清楚。

1．股权结构

你要把某一家VC游说进来当股东，他当然会关心自己要和哪些人经常坐在一起议事、庆功、吵架，是情投意合还是同床异梦。这是必答题之一，还不如主动讲清楚。

2．企业的组织构架

你的公司设有什么部门，是如何运转的？你的首席运营官、销售总监、技术总监们是否分工明确，各就各位？

3．目前公司的投资额

你的豪情壮志已经打动我们了，那么你为这个企业，从自己口袋里掏出了多少钞票？如果你自己一毛不拔，那么你的创业信心和态度值得怀疑。

如果你自己投入了仅有的几块钱积蓄，但是已经把事业做得像模像样，我们绝对会为你加分，而且会放心地把钞票交给你去打理。

4．收入模式

你的收入模式最好是清晰的、可信的、明确的、看得见摸得着的 。 对于一个创业公司来说，没有任何东西比收入更加重要。不要给我画大饼，说 N 年后你的产品会改变世界，到那时候钱根本不是问题。我关心的是，你的第一块钱是怎么来的？到底什么时候来？

5．估值

这是一个创业者和投资人不可回避的问题。不妨以它作为一个谈判的起点。决定找 VC 的时候就要考虑清楚，你需要多少钱？不要是那种 100 万不少，1000 万不多的心态。你准备出让多少股份？不管你的心理价位是多少，在商业计划书里应该明确要价。

6．资金用途

你叫我投钱，这笔钱你要用来干什么？你会把一个辦成两个花，还是把我当做冤大头，挥金如土？即使你有详细的财务预测，我还是建议你在商业计划书里加一张清晰的列表，把主要的资金用途列出来。

写商业计划书"四大注意"

一般来说，能入 VC 法眼的商业计划书，创业者对行业的熟悉是基础。没有这点，你画的大饼再圆再香，讲的故事再动听，也打动不了 VC。

竞争对手要具体

最常见的说法是："因为在国内某某行业还没有知名品牌，成功的企业还是空白，所以我们在这个行业没有直接的竞争对手。"有一个网站的商业计划书这样写道："网络服务是最新的东西，没有标准，也没有领导者。所以，在如此大的市场空间内，网络服务方面还没有真正意义上的竞争对手。"如果你是 VC 你怎么看？

创业者可能不太愿意在商业计划书里罗列自己的竞争对手，甚至不太愿意承认他们的竞争优势，似乎只有这样才能让 VC 安心，自己更容易拿到钱。但是，如果你对竞争对手的描述都含含糊糊，我们很难相信你对行业的理解力，还有你企业的前景。

有太多的竞争对手当然不是好事，但竞争对手太少通常也不是好事。前者意味着你可能连行业的门槛都很难进去，后者则让人担心你想进入的这个市场到底有没有前途。例如，你想生产一种前所未有的节能冰箱，我们如果感兴趣，可能会先问海尔，为什么不生产这种冰箱？是技术不成熟，还是成本过高，产品会贵得没几个人愿意买？

而且，竞争态势时刻都在变化，今天的落后者明天可能就是你的劲敌。竞争者不仅仅是指行业里的老大，还有紧随其后的追赶者，甚至是将来可能出现的新生力量。

在分析竞争对手时，粉饰太平是没用的，VC 没那么好骗。泛泛而谈也很难让人满意，因为这会让人觉得你根本不拿竞争对手当回事，至少你是"不知彼"的，自大、轻敌很可能直接把你的企业引向失败，VC 的钱也就打水漂了。创业者兄弟们，即使你并不急着融资，不用拿商业计划书去找 VC，竞争对手的那些事儿你也要打探清楚。

一个可靠的商业计划书应该包含关于竞争对手的详细情况。你应该写清楚：竞争对手都是谁？他们的产品和你的相比，有哪些相同点和不同点？每个竞争者的销售额、毛利润、收入以及市场份额，这些数字都是多少？竞争对手的核心员工背景如何？他们的营销策略是什么？在拿事实说话的基础上，讲讲你相对于每个竞争者的竞争优势。

市场分析要可信

很多创业者的市场分析都是"市场很好，潜力很大，前景广阔，商机无限"这类空话。有的创业者引用专家学者的话，以证明项目的市场价值，如某电子商务网站的商业计划书写着："战略之父迈克尔·波特说过：'关键问题不是是否应该应用因特网技术，而是如何应用它—— 企业根本没有选择，如果它们想保持竞争力。'"所以我们的前途是无比光明的，云云。这些所谓的"市场分析"没有任何说服力。

另外，创业者总是有意无意地用整个行业代替他要进入的细分市场，例如用整个游戏软件行业的分析代替手机游戏市场分析，用服装制衣行业的分析代替制服行业。

创业者这样做，一方面是因为细分行业的数据不容易收集；另一方面，整个行业的规模要比子行业大很多，所以数据也好看得多。不管是哪个行业，很多创业者动不动就声称自己的市场规模有几十亿美元。但这种处理手法相当拙劣，而且市场分析一般是放在商业计划书比较靠前的位置，夸海口会使 VC 对你印象减分——你可能根本没搞清楚自己的细分市场在哪里，或者你盲目乐观。

市场分析这个部分必须可信，并且用准确的数据来证明。例如，你应该对你所在的市场和潜在客户的情况作出全面的分析，你对 VC 提供的材料应该包括：市场规模、增长率、最新的技术进展、政府相关政策、市场发展趋势、潜在客户的数量、客户的采购价格以及你的目标客户群情况。这些信息能够帮助你制定销售预测和定价策略。最后应该写上你的企业计划取得的市场份额，并且在后面的部分来讲解你打算怎么样实现目标。

风险分析要有针对性

刻意回避风险的创业者也很多，可能创业者们怕吓着 VC，导致对方打退堂鼓。但是，请注意，VC 就是风险投资，就是和风险打交道的，他们很清楚每一个决策、每一个项目都有风险。没有风险的地方不可能有高回报。所以，VC 不吃报喜不报忧那套。对他们来说，风险并不可怕，可怕的是那些对风险盲目乐观或者熟视无睹的创业者。知道风险可能出现在哪里，防患于未然，使风险可控，这才是更现实的。

一个企业的发展过程中，不确定的因素太多。你要去评估你们的风险在什么地方，将怎么去面对。你的风险有多大？风险来自各个方面，如果投资资金提前用完了，或者有人半路收回投资，你们应当怎么办？天有不测风云，有市场风险，有执行计划中的风险，有经营风险，有政策风险，你们最可能遇到什么样的风险，会给公司带来什么样的影响，你打算怎么样面对？

在商业计划书中，你不仅要一一列出这些风险，还要告诉 VC，面对这些风险你会做出哪些反应，要根据不同风险制定出不同的方案。

执行方案要可行

你要在全国性的"高端媒体"做广告，建立企业品牌？钱呢？你要通过联想的渠道进行捆绑，在全国推广你的产品，告诉我你凭什么能做到？

你的团队执行力怎么样？比方说你以前遇到什么问题，是怎么解决的。VC 在给你投资之前，会充分考虑，你讲的那些销售计划、市场营销计划会在多大程度上变成现实。

VC 要看你有没有能力去做。比如你的团队完全没有欧洲的背景和经验，但是你们的产品却是针对欧洲市场的，我就有理由去怀疑你们这个计划的可行性；比如你目前对国内 B2C 一无所知，团队成员也没有 B2C 领域的过硬经历，但是你的产品却是"给国内 B2C 产业进行彻底革命"，就算论证再严密，我也很难相信你能把项目执行下去。

你要证明，我所规划的都很靠谱，我们有能力把这件事情一步一步做出来。

除了上面这些内容，商业计划书应有的其他部分也要完整。你的项目简介、产品 / 服务、团队、里程碑、财务计划、股权结构、公司的组织构架、目前公司的投资额、合约和订单、收入模式、估值、资金用途这些部分，如果 VC 感兴趣，也会一一细看。

商业计划书六大测验

商业计划书写完了，按理说检查一下文法，就可以发给 VC 了。但是，如果试着做下面的检验，说不定能够帮助你很好地评判你的商业计划书。

1. "电梯"测验

你能不能在 30 秒之内，最好用两个短句就告诉我，你的生意怎样赚钱？你必须清楚你怎样赚钱。这个简单的道理看似不言自明，但很多创业者对于如何最终盈利，还是非常模糊的。也就是说，你要检验一下你的商业计划书是不是简单明了。

2.“三件事”测验

创业者的时间和精力都是有限的，你能不能很好地聚焦于最多三个关键领域，很大程度上决定了你创业的命运。你需要问自己如下问题：决定我成败的三件事是什么？我怎么样分配时间、人力以及资源，去做好这三件事？

3.“成本加倍”测验

“成本加倍”测验的流行程度不亚于电梯测验。假设你在运营过程中，做每件事的费用都比预期的要高，而且你需要比预期更长的时间才能赚进第一桶金，情况会怎样？这项测试是为了检查你犯错误的回旋余地。然后，回头看一下你商业计划书中的财务预测：

如果成本翻番，这还是一份好的商业计划书吗？

如果第一年的收益只有预期收益的一半，成本又翻番，这还是一个好项目吗？

4.“犯错空间”测验

好的商业创意通常留给你很大的犯错空间。而且，你真正拿到的钱不一定来自于你预想的地方，也就是说，想象中的商业模式可能没有现实意义，所以要为自己留下试验的空间。

5.“依赖性”测验

如果你严重依赖某个供应商或者顾客，这意味着巨大的风险，一般的法则是单一客户不应该占到一个公司销售额的35%以上。所以，你的公司是否已经或者将会严重依赖某个公司呢？如果答案是肯定的，有没有办法减少这种依赖性？这种依赖性会榨取你的利润吗？如果我依赖的公司停业，或者不再同我做生意，对我的打击会有多大？

要花时间仔细构思一个权变计划，用笔写下来。你可能用不上，但是一定要写下来，强迫自己真正思考这个问题，你可以把这点加入商业计划书的风险分析部分。

6. "脆弱性"测验

"脆弱性"测验是让你考虑一下，你的企业可能出现的"最坏的情况"是什么？

如果公司开始运营了，什么事情会让它瞬间倒塌？

有没有一个以上的竞争者有能力将你立刻扫地出门？

至于发给 VC 的商业计划书是用 PPT 还是 WORD 格式，写多少页多少字，如果上面我们所探讨的要点你都做到了，你认为这些细节问题还重要吗？

第十四章　你需要的不只是钱

■

■

■

■

　　我有时问创业者："你对投资人有什么要求？"他们的回答往往是："我没有过多要求，只要能拿到钱就行。"有少数创业者则说："当然是融资，能通过投资者的帮助提升企业的管理水平就更好了。"

　　同行和媒体都用恋爱或者婚姻来形容 VC 和创业者之间的关系。我的同行们对创业者也提出很多有益的忠告，比如："他挑你，你也要挑他。""创业的路上有风有雨，要找一个适合自己的投资人，找一个能陪着你一起走下去的。"

　　换句话说，如果你只看到钱，那注定会成为这段"婚姻"的牺牲者。

　　有很多创业者急需启动资金，什么钱都愿意要，甚至不计后果，因为他们那时没有什么条件可谈。这是可以理解的，给这类创业者的建议我在后面会谈到。也有些条件很好，或者已经做到一定规模的企业，在融资时找很多 VC 谈，谈完之后心目中有了一个价格，然后拿着这个价格找他想要的那家 VC 说："别人给我这个价，你也得出这个价，要不然我就要他的钱，和他合作了。"这不是对待"婚姻"的态度，倒像在市场买大白菜，或者在中关村买电脑。对我

来说，这样的创业者没办法成为很好的合作伙伴，
因为他没有看清不同 VC 对企业的作用和价值。

除了钱以外还有什么？

我认为，对创业者来说，比资金更重要的是增值服务，也叫 VC 的
"软投入"。

我建议想融资的创业者们，最好去找接受过 VC 投资，而且已经成
功的企业家，听他们讲讲拿到钱以后跟 VC 漫长的"婚姻生活"：VC 是
怎么帮他的；在他碰到困难的时候，VC 是什么态度……。这样可以帮
助你看清楚，VC 在创业企业成长的过程中究竟起到多重要的作用。很
多时候，VC 会决定一个公司或者彻底失败，或者大获全胜，命运有时
就这么简单。

不可否认，有一些企业是好行业里的好团队赶上了好时候，像百
度、如家、腾讯……。VC 当然喜欢这种企业，它们在发展过程中也不
太需要 VC 帮忙，最后大家一起分享累累硕果。但是，这就像几分钟内
拿到几百上千万美元的投资一样，是可遇不可求的特例。

更常见的情况是，得到 VC 青睐的企业抓住了一个好机遇，基本面
不错，但可能缺胳膊少腿。例如，我们投资的大部分是 IT 公司，而且
大多是初创期进入的。这些创业者中很多是初次创业，甚至有些是刚毕
业的大学生，有技术、有激情、有才华，但是缺乏资源和管理经验，不
知道怎么样运营一个合格以上水准的技术公司。这时候，VC 的辅导就
像父母对一个刚出生的孩子的教导，这比钱更重要。

通常情况下，VC 不仅仅要投入钱，还要投入人。金融界网站一开
始是几个很小的公司拼在一起的，融资后 VC 帮它找人，帮它不断地扩
充团队，最后帮助它在纳斯达克上市。这种案例是在风投界典型的成功
案例，VC 和创业者共同努力，最后一起走向成功。

那么，增值服务具体来说有哪些方面？

我们为创业者提供的增值服务主要有下面几种：

1. 为创业企业的发展计划、市场定位、财务管理、组织架构以及法律事务等提供战略性的指导；

2. 提供猎头服务，帮助招聘及培训高级管理人员；

3. 帮助企业与其他商家建立战略性合作关系，以取得更具有竞争力的市场地位；

4. 针对企业的需求，有计划地引入其他专业互补的 VC 加入；

5. 帮助企业设计财务管理、私募融资、资产重组、兼并收购及风险管理等方案；

6. 完成相关的前期调查、财务评估、方案设计、条件谈判、协议执行以及配套的融资安排等。

增值服务绝不是一句空话。我和合伙人有时自嘲，我们为创业者提供的是随叫随到，主动奉献的高质量免费咨询服务。而从接触一个项目到决定投资，少则三个月，多则一年；决定投资后，培育一个早期项目至少 5—7 年，这其实都是增值服务期。我认为，对于 VC 来说，增值服务能力和投资水准一样重要，而且，增值服务是个性化的，多方位的。

看上你的人，而不是你的钱

1999 年，软银中国的孙正义主持了一场项目评估会。阿里巴巴的创始人马云讲到一半时，孙正义从椅子上蹦起来，很认真地说："我决定投资你们，你要多少钱？"马云吓了一跳，然后把孙正义也吓了一跳。马云说他不缺钱。孙正义第一次听到这种回答，诧异地问道："那你来找我干什么？"

149

马云回答："不是我要找你,是人家叫我来见你。"

马云的反应刺激了孙正义,他邀请马云到日本详谈。马云开宗明义:钱不是问题。接着提出三个条件:第一,孙正义亲自做这个项目。孙正义答应做阿里巴巴的顾问。第二个条件,孙正义要用自己口袋里的钱投资阿里巴巴。第三个条件涉及公司的运作,那就是必须以客户为中心,以阿里巴巴的长远发展为中心,不能只顾风险资本的短期利益。

孙正义爽快地答应马云的三个条件,提议用3000万美元换取阿里巴巴30%的股份,马云同意了。但是回国之后,马云后悔了,不想要那么多钱了。在无数创业者垂涎资金的时候,马云竟然嫌钱多,这让孙正义的助手怀疑他有病。几经调和,双方最后将投资金额确定为2000万美金——钱多意味着贡献更多的公司股份。

事后马云说:"我是1999年10月30日拿到第一轮融资的,10月31号跟孙正义见面,你说我会要钱吗?"在拿到孙正义的投资前,马云已经取得了另一笔风险投资,此时的他看中的并非是孙正义的钱,而是孙正义这个人。

马云和孙正义的默契配合一直为人们津津乐道。首先,孙正义懂得马云做的事情,马云自己说,跟很多人讲6个小时都不明白,跟孙正义讲6分钟他就明白。当时,大部分人把马云当做疯子,孙正义赏识他,相信他,说从来没有见过这么漂亮的团队。

更重要的是,中国互联网历史上规模最大的并购案,2005年阿里巴巴并购雅虎中国,幕后推手正是孙正义。雅虎驻扎中国和日本软银集团的幕后部署有关,孙正义正是日本软银的创始人。这宗并购之所以能够顺利进行,投资人孙正义功不可没。

"选伯乐"的原则

对于初次创业的创业者,我建议遵循80/20原则,甚至是99/1原则。也就是说，创业者应该将主要时间花在1%的最合适的投资人那里，而不是将时间浪费在其他投资人身上。广撒网并不会提高你的成功率，因为做得好的VC往往是"弱水三千，只取一瓢"，在他们熟悉和有把握的领域之外，即使你做得好，也可能不是他的茶。

在这个阶段，合适的投资人至少具备下面几个要素：地域，很多VC只投资某些地区的项目；行业领域，大多数VC网站上的简介就会写清楚，研究一下他们做过的案例就更明确了。同时还应该注意不同的投资阶段，因为很多VC只对某些特定阶段的公司有兴趣，可能是种子期的，也可能是成长期、扩张期或者成熟期的。

有不少企业家做到一定规模就说："我不需要别的，我就需要你的钱。"这很可能是错的，有些事情你毕竟没有经历过，你可能有从零做到1000万美元的经验，但是从1000万做到1个亿需要完全不同的思维，如果还按照原来的方式运营，可能就做不大。

另外，投资者有战略投资者和财务投资者之分。战略投资者通常有实业背景，只投资同一行业或相近产业，或处于同一产业链不同环节的企业。英特尔、西门子就设立这样的公司型基金。他们更看重其战略目的，投资周期比较长。所以战略投资者通常要求控股，不愿意做小股东。企业如果很早引入战略投资者，第一，价格不会很理想；第二，将来在很多决策上是战略投资者说了算。

所以，创业者要慎重选择，要么和财务投资者合作，努力上市；要么引入战略投资者，成为未来某个国际大公司的一个战略布局。不管是哪种投资者，理论上都会竭尽所能，为被投资企业提供增值服务，但服务的能力取决于基金管理人团队的能力和资源。

如何挑选VC？

在现在的中国市场，VC的差异并不是很明显，而且大家评判VC

的标准不一样。现在，大多数人评论 VC 都以基金的规模和投资额来衡量，或者说谁投的公司在纽交所上市了，在纳斯达克上市了。至于哪个 VC 特别懂哪个行业，和企业家的关系怎么样，在企业的发展关键作了哪些贡献，谁提前预测了发展的趋势、占了先机等等，这些对创业者来说最重要的信息，人们很少评论。甚至有很多投资人除了给钱，什么服务都没有，这就是因为管理团队没有资源或者太弱。正因为这样，创业者更应该慎重考虑，必须知己知彼。

创业者在融资时要选择合适的 VC，从下面几个方面可以对 VC "望闻问切"。

第一，这家 VC 有没有能力帮助企业打造核心竞争力？我们知道，在企业发展的过程中，核心竞争力是逐步培养的，无论是技术的发展、管理能力的提高，还是团队的默契、开拓市场的能力，都是一个逐渐培养的过程。好 VC 会利用自己在该领域多年投资和辅导的经验，帮助你打造这些能力。

能够拿到我们钱的创业者通常都有过人之处，有时总体能力非常强，有时可以在某一件事上做得非常完美。但是创业者在战略上可能出问题，比如在一些价值很小的事情上花费很大的力气。他身在此山中，不一定能意识到，而投资人站的位置更高，看得更清楚。这是一条捷径，可以让创业者吸取很多经验教训。

第二，这家 VC 过去做过什么案例？这个投资人懂不懂你这个行业？他必须能看懂你在做什么，知道决定你成败的重要因素是哪些。如果他给你钱，仅仅是因为这个行业特别热或只是随机的选择，那么你很可能选错了投资人。如果投资商不能理解行业的前景，或者对创业团队缺乏信心，那么他反而可能成为你快速发展的障碍。不少创业企业都是在最紧要的关头被风投抛弃，功亏一篑。

与很多年轻的创业者相比，我们甚至十年来对某些领域进行分析研究，在一个行业腾飞之前，我们可能就已经对它的成长轨迹、即将出现的竞争环境以及商业模式进行全面分析和预测，资源和能力也是日积月累。

　　第三，这家 VC 提供增值服务的能力怎么样？他们资本运作的能力怎么样？资源整合的能力怎么样？解决疑难杂症的能力怎么样？一个智慧的 VC 会提供自己的人脉资源、社会资源和品牌影响力，为你的企业服务。

　　所以，在这里，我要奉劝大家两点：第一，找 VC 不能只盯着钱，好 VC 能投入的不仅是钱，还有比钱更值钱的东西；第二，清楚地判断自己的需要，除了钱以外，你需要什么？

第十五章 过了这一关才能拿到钱

· · · ·

　　如果你的"故事"已经打动VC，那么恭喜你，但是革命尚未成功。在起草最终的投资协议之前，VC还不放心，还要进行一个叫做尽职调查的程序，目的是看你讲的故事是否有真实的证据支撑，看你是诚信的创业者，抑或是一个大忽悠？

　　尽职调查就是对企业的历史数据和文档、管理人员的背景、市场风险、管理风险、技术风险和资金风险做一个全面深入的审核。顾名思义，尽职调查就是要VC恪尽职守，对创业者和企业的业务进行全面的调查，确保其中没有水分、没有漏洞、没有埋下定时炸弹。但也不是每个VC都会详细地做工作的，即使是那些有名的投资者。因为VC是所谓投人的艺术。

　　我们看到很多例子，都是朋友之间的投资，或者是因为VC之间竞争的投资，就可能根本没有这个过程。有些VC还特喜欢抢其他VC的投资标的。如红杉资本的沈南鹏就曾经以迅雷不及掩耳之势，花1100万美元购入旧同学名下的上海生物化学公司股份，而本来这个案子是凯雷投资的项目，后来凯雷在香港起诉，要求2亿美元赔偿。

尽职调查，太快还是太慢？

美国华盛顿大学 2008 年 8 月发表的一份研究报告显示，VC 投资的早期项目中，大约有一半失败，这样高的失败率和 VC 没有进行充分的尽职调查直接相关。

2008 年，在东交所创业板上市的"中国第一股"——亚洲互动传媒因丑闻被迫退市。亚洲互动传媒 CEO 崔建平在未得到公司董事会同意的情况下，将全资子公司北京宽视网络技术有限公司 1 亿多元的定期存款为第三方企业北京海豚科技发展公司的债务作担保，从银行贷款 1 亿元。这笔资金很可能无法收回。

由于发生了崔建平不正当挪用关联子公司的定期存款事件，计提呆账后对资产进行了重新估价，亚洲互动传媒在 2007 年度亏损 2930 万美元。而在 2008 年 2 月，该公司还公布了其 2007 年度纯利润有 1400 多万美元。两者之间相去甚远。

亚洲互动传媒这颗曾经璀璨的明星变成陨落的流星，投资者深受其害。亚洲互动传媒的财务投资人有声名显赫的红杉资本等 11 家。这便引发了投资者对尽职调查的深思：为什么这些绝非天衣无缝的漏洞，竟逃过这么多老练 VC 的法眼？

在尽职调查的过程中，企业欺骗 VC 的可能性不是没有。但事实上，更致命的是 VC 的放任心态。

在市场的狂热中，投资金额、估值等不少市场行为跳出了合理的区间，还有"闪电结束"的尽职调查。有时候，在巨大的市场压力之下，一个投资经理花费大量时间跟踪一个公司，可能早已"爱"上这个公司了，内心过早地决定投钱，剩下的便是没有多大意义的例行公事了。

这两年媒体上经常出现这样的语句："闪电结束尽职调查"，"闪电联姻"，"一个月内结束尽职调查"。其实，一般尽职调查要花费 3—6 个月时间。出现这种状况，大概应该各打五十大板：一方面，被追捧的企业家占据主动，对投资人的尽职调查限时；另一方面，迫于竞争，投资人自己也急哄哄地想尽快定下交易。

所以，我们更应该检视一下，这个麻烦的尽职调查有什么意义？显然，它并不是为了迎合 VC 想要投资的心态。一个到位的财务尽职调查让 VC 了解内控系统，分析投资对象整个财务架构的缺陷，并深入探究公司的业务，把风险由不确定的变为可管理的。

无论是投资者还是创业者，都应该在公司出现一些小问题时，引起足够的警觉，去寻找能够根治问题的解决方案，这会让创业者和投资者都能更理性、更稳健、更专注，更可能"双赢"。否则，很难保证这些小问题不会变成大问题，一桩原本看好的交易变成了"双输"。

到底调查什么？

一般情况下，VC 会根据情况开出一份"尽职调查"清单，少则几十项内容，长则几百项。尽职调查过程中，VC 不但仔细参观你企业的每一个角落，与企业的创始人和核心员工交谈，还会要求企业提供历史变更、重大合同、财务报告、财务预测、各项细分的财务数据以及客户名单、供应商名单、技术及产品说明和成功案例分析等等。VC 可能还会咨询你的供应商、客户、律师和贷款银行，乃至管理人员过去的雇主和同事。他们甚至会去调查提供信息的有关人员，以证明提供的信息是否可靠。

一般早期创业公司的尽职调查清单只有百十来条。概括起来，主要调查几个方面：团队、业务、技术、市场、财务、法务。

团队是不是真的兵强马壮？

我们一再强调团队的重要性，VC 投不投钱要看团队，创业者能不能成功也要看团队。其实，对团队的尽职调查从一接触就开始了。创业者和 VC 在之前的多次沟通中，团队的问题绝对不可能少谈，到现在，VC 多少了解团队成员的一些方面。而且，说不定 VC 的火眼金睛已经把你们的性情、喜好、优缺点看透了。

这一步可能由 VC 的投资经理来完成。而你需要做的，就是把身份证复印件、学位证书复印件等各种材料准备好，再出示一下各位创始人的股份比例。细心的 VC 可能还会要求提供主要团队的简历、过去 12个月中公司人员流动情况等。

亮出你的技术来看看？

这应该是互联网企业的看家本领和拿手好戏，VC 看中你，很大程度上是相中你手里的绝招。

这时你可以亮出专利、高新技术奖等等，进一步增加他们对你的信心。VC 还要了解其是专利权还是专利申请权、是否存在权属上的纠纷、有效期限、专利权的地域范围以及专利许可情况等内容。这项就是有或无的问题了，真的假不了，假的真不了。

除了 VC 的投资分析师出马之外，可能还会聘请资深的科学家、专家来出具独立的报告和评语，验证你的技术水准。

你的业务状况有没有水分？

业务方面的尽职调查范围很广，每个 VC 都会有自己的出发点和关注点。例如谈销售状况总不能信口开河，还是用销售订单、客户名单说话吧。

VC 的投资经理还会审查你的业务是不是能够规模化，是不是能够持久经营；如果你和竞争对手处在同一条起跑线上，一年后将是鹿死谁手；企业内部治理有没有管理流程；有没有量化的指标。这些问题都要你提供详细的证据，最好用数据说话。

你的市场到底有多大?

大概每个创业者见 VC 都没少夸夸其谈未来的市场空间,可能还沾沾自喜——VC 没反驳我,看来不难骗嘛。到这里你就会恍然大悟,原来商业计划书中关于市场的分析和预测,都是浪费时间和感情。VC 见惯了把市场机会吹得天花乱坠的创业者,根本不会那么容易被你的雕虫小技骗到。VC 一般都有自己专长的领域,如果你的企业刚好是他的势力范围之内,他对你的领域可能比你还熟悉。

VC 还可能聘请行业专家做市场分析工作。而且他们有自己的信息渠道,通常定期阅读行业报告,还可以请教专家、行业中的 CEO。

钱的那些事儿怎么样了?

财务可能要算是尽职调查中最重要的工作。它分为两大块:过去的财务数据和未来的财务预测。

你需要提供的财务数据至少有:之前 12 个月的收入清单、资产负债表、现金流量表、月度经营状况、预算与实际情况、销售和毛利润细目分类、过期应收账款的时间清单、不同产品及其在收入中的贡献、成本结构和收益率等等。

过去的财务数据交给会计师事务所审计就差不多了。未来的财务数据是比较难啃的,特别是在早期的创业公司中,它是创业者的软肋和心病。

法律上有没有漏洞?

针对不同的企业和项目,法律上的尽职调查往往有所侧重。

首先是对于不同发展期的企业,调查重点不同。种子期的企业法律关系十分简单,一般提供营业执照、原始执照、法人身份证复印件、公司章程、董事会决议、员工合约、知识产权保护条款、商标备案、正版软件购买凭证、诉讼记录等。如果是 Pre-IPO 项目,牵涉的法律关系更加复杂，隐藏的风险点也就更多，在这里就不多说了。

不同行业的法律尽职调查的重点也不同。在高新技术领域，知识产权是核心问题。如果知识产权归属不清或者存在权属争议，可能会影响整个企业的核心竞争力，甚至毁掉企业存在的基础。

有一家"海龟"创办的企业，所用的核心技术全部都是他前工作单位的专有技术。这家公司的产品一面世，国外的公司立即提起诉讼，公司随之倒闭，VC 投的钱也付诸东流。再如，对于化工企业，可能导致的环境污染必须高度重视，有没有进行环评，环保措施是不是到位，有没有因污染被提起民事诉讼或者受过行政处罚，这些都需要考察。

VC 在尽职调查过程中会提出大量的问题，要求查验很多历史资料。创业者可能不胜其烦，何况企业还等米下锅呢！在尽职调查的过程中，创业者不要干着急，在某种程度上是 VC 决定给你钱的具体时间，其实你自己在其中的作用也很大。很多小企业都不规范，VC 要看的文件、材料，要么是要啥没啥，要么就是拖拖拉拉想蒙混过关，有时候就这样来来回回能折腾上好几个月。理想的过程应该是：VC 要什么文件、资料，你就立刻给。有就有，没有就没有，如实招来。说实话，VC 什么样的企业没见过，到这会你就别自作聪明去忽悠了。

对 VC 也做个"尽职调查"

VC 和创业者之间的选择、考察应该是双向的，双方必须充分相互了解。VC 在决定投资之前要对企业做尽职调查，创业者在接受尽职调查时也不要一味烦躁，你可以对 VC 也做个充分的尽职调查。

首先，你得对投资商的真实性作一个判断。

如果你遇到不知从哪里冒出来的"VC"，向你要商业计划书，或者约你在某个咖啡厅面谈，那么你至少要小心谨慎。如果这个"VC"要求你先支付一笔现金，以便他进行尽职调查，或者要求你付费让他帮你写一份"标准的商业计划书"，那他很可能是个骗子。

对于不熟悉的VC，创业者可以先问问他们的资金从哪里来。如果VC闪烁其词，那么他的可信度就大打折扣。如再问他的投资领域与选项目的标准，他的回答空泛，说什么都可以做，那你就不必浪费时间了。有些假VC会利用创业者融资的急切心情行骗，你一定要擦亮眼睛，对VC的背景做些调查，还要主动提出一些问题，从而判断VC的诚意。

中国目前还有一类所谓的草根VC，他们可能把投资项目当成一种融资的手段，说白了就是把你当成到社会集资的工具，对这类VC你需要特别留意。这些VC一般都是打着产业基金等旗号，如德厚资本的黄浩、红鼎创投的刘晓人，最后他们自身都出了问题。

即使VC是真的，你也应该考虑一下他是不是合适的合作伙伴。VC夸夸其谈的增值服务，融资企业也要理智地作出判断。VC在简介中说他们在某领域实力多么雄厚，能帮你拿订单、公关政府、提供多么卓越的管理咨询，这不一定可信。最好请他们详细介绍成功的案例，再从各方面打听VC的实际情况，特别询问他们曾经投资过的企业，看看这家VC的信誉怎么样，是不是值得信任。

第十六章 找钱，不如等钱找上门来

．
．
．
．

> 把创业者和 VC 之间的关系比喻成婚姻当然是正
> 确的，不过婚姻也有许多种，有的时候是缘分，有
> 的时候则是凑合。但满世界拿着商业计划书找 VC，
> 其实真的不如自己做好公司，等着 VC 送钱上门。因
> 为 VC 就是这样一种人，他的工作就是把钱烧掉，不
> 烧掉他就完不成当年指标。为了烧掉他的钱，他不
> 得不满世界找项目，其实，同行为好项目打架的事
> 越来越常见了。

钱会找上门来？不要以为这是天方夜谭，我们先来看看下面一位
创业者的故事。

我第一次写商业计划书是参加在北京举行的某创业大赛，
我用了两个月的时间通宵达旦地写，几十页的商业计划书很
规范。我在财务预测上就花了很大工夫，也正是在写财务预
测的过程中，我知道这个项目肯定是暴利中的暴利，并且不
可能失败！最后，我赢得了那个创业大赛 2001 年的冠军。

我当时想做的项目就是江南春 2003 年做的分众传媒，我
比他想得早，但是人家做成了，我却阴差阳错变成连锁酒店
老板了——这是后话。光商业计划好又有什么用呢？我也跑
遍了当时能找到的 VC 和投行，当时的 VC 远比现在少。虽然

这个获奖的商业计划能让高盛当时的首席代表兴奋地给我打电话，要我立刻去见他，可是当时的钱太难拿了，最终我并没有拿到。拿钱比拿个大赛的冠军要难。

江南春证明了我的眼光，我也证明了自己的创业经营能力，后来，我没拿VC一分钱，和大学同学白手起家创立了连锁餐饮酒店。现在，我的连锁店正在开第八家，而且按照刚刚公布的创业板门槛，我们已经可以上市辅导了。我们没有靠VC，没有贷款，全靠滚动发展，现在主动给我们打电话，想给我们投钱的VC不止个位数。

很多创业者都有过找钱的经历。

你最不理解的是，你面前的这些"风投"们个个能说会道，就是不敢砸钱，浪得虚名，不敢担风险，投钱也啰唆得很。

使出浑身解数才见到VC，问他要钱，他说不要着急，先看看你的商业计划书。你用尽吃奶的劲凑出了十来页纸给他，他又问你要详细的财务预测。你求爷爷告奶奶让人帮忙做出个看起来不错的财务预测，VC又问你要客户的资料、市场分析的数据、各种新技术的论证材料……

你明着暗着提醒VC："我现在缺的就是钱，万事俱备，就是揭不开锅。"最后，VC告诉你："你们公司的阶段还太早，你先做下去，等一段时间，业务起来了再来找我。"

没错，就像懂行的人说的那样，VC只会锦上添花，很少雪中送炭。

没有钱就无法创业？

现在很多创业者都觉得自己的项目很好，只要有钱，就一定能成功。这是创业者们的常规逻辑。但是，事实上，VC不信你这套。

VC会在心里想：你的项目真有这么好，还找投资人稀释你的股权？

什么？没有钱就做不成？那你就不要做了。

亨利·福特没有 VC 给他投资，贝尔实验室用的也不是 VC 的钱，王永庆、李嘉诚都不曾问津过 VC。可见，没有 VC，照样诞生世界巨富。

说说跟 VC 关系最密切的 IT 界，史玉柱、马云、陈天桥、丁磊，巨人、阿里巴巴、盛大、网易的市值都在 10 亿美元以上。他们最初的创业资金都不雄厚，大多只有 50 万元人民币。史玉柱搞脑白金时向朋友借了 50 万，马云是 18 个创业伙伴凑了 50 万，丁磊、陈天桥也都只有 50 万元启动资金，跟现在很多动不动号称融到 N 百万美金的创业团队相比，真是少得可怜。丁磊最初只有一个 7 平方米的小办公室，马云和陈天桥都是在出租屋里开始把梦想变成现实的。

认为要有 VC 才能创业，这种逻辑是错误的。没有创业者就没有 VC；没有 VC，绝对不可能从此就没有创业者。

经常有创业者拿着一个创意到处去融资，他们画一个大大的饼，跟你说上面还撒着葱花和芝麻，香喷喷的。但是如果没有钱，他就无法开始创业。其实，在绝大多数情况下，创业者想光凭一个点子和技术就找风投，往往是不会成功的，只有把东西做出来，才能让 VC 看到你的价值，看到你团队的执行力。

3G 门户网在第一次融资时没有任何经验，是 VC 主动找上门的。那位投资经理的女儿说，这个网站上有一些很好玩的东西，而且是免费的。于是，她爸爸试图寻找 3G 门户网，几经周折，后来通过早期的 SP（服务提供商）找到他们。一跟网站负责人联系上，第二天 VC 的两个负责人就飞过去，谈了两次，给他们投了 200 万美元。

后来，3G 门户网的创始人说，如果创业者一开始很有钱，往往是把大部分资金投入到推广中，反而不能把产品做好。而没有钱，创业者才会认真琢磨用户体验，把产品做好。所以，穷有穷的过法，富有富的过法，没有钱就不能创业的想法是错误的。

如果你的公司还没有成型，甚至连影儿都没有，你还是执意要融资的话，最好先想办法去找天使投资人，这样成功的可能性相对大些。用三个 F 形容天使投资人类型再合适不过了：朋友（Friends），亲人（Family），傻子（Fools）。因为种子期的项目风险巨大，只有朋友、亲人或"傻子"最可能会被你的项目打动，为你投资。在种子期就介入的 VC 并不是没有，我们公司也有过这样的项目，但是太少。

另外，如果在种子期就寻找 VC 的话，创业者处于弱势地位，股权说不定会被稀释到让你沦为打工者的地步，这恐怕是很多创业者不能接受的。

VC 不是天使

找钱很艰难，这没错，但如果你被 VC 搜索到，你是他感兴趣的领域的前三名，他会追着你，主动"投怀送抱"。总之，你的业绩做好了，投资人会想办法说服你接受投资的。或者，你与 VC 一拍即合，而你在这桩交易中占据主动。

归根到底，企业家的专长是做企业，把自己的企业做好了，就是好姑娘不愁嫁。创业者做一件事不应该仅仅因为可以融到钱，而是这件事在商业模式上有意义，可以改变产业。如果你证实这个产业可以被改变，你就会变得非常热。只要做好了这件事，放心，会有人追着你投钱。所以，VC 对创业者的态度是冰火两重天，好的项目就得抢，甚至多家 VC 打架。

说因为 VC 不给你钱，扼杀了你这颗将要长成参天大树的种子，那是没有的事。如果说没有融到资就不能做事，那要不就是你的项目有问题，要不就是你的团队，或者你的意志和激情不够——这是 VC 最担心的。

VC 不是公益组织、不是政府补贴、不是失业救济金……VC 手上有大把钱，但不是从天上掉下来的。大部分的创业者都不一定清楚，VC 是从哪里搞来的这么多银子。

其实，VC 和创业者差不多，得时不时地到更加大的基金那里去融钱，比如"退休基金"、"教育基金"、"社保基金"……他们要去讲故事，要做出业绩，这样才能从那些巨无霸式的母基金那里要出钱来，组成各式各样的风投基金。

当你明白了 VC "找钱"也不容易，就理解 VC 不会到处乱砸钱，更不会拍拍脑袋、像《非诚勿扰》中的范伟那样三分钟便掏出支票——他们的程序也不允许。要是一个 VC 的回报率不高，老砸冤枉钱，做赔本生意，他恐怕只能卷铺盖走人了。如果是这样，创业者们岂不是又少了一条资金的来路？所以还是相互体谅一些吧，正确理解 VC，最好从 VC 的角度去考虑问题。VC 的使命是通过投资活动来使资本增值，为他们的投资人创造利润，同时也为自己创造收益，这是他们的饭碗。

VC 对创业者拣瘦挑肥、嫌这嫌那的，掏钱之前犹豫再三，一点都不像大款。这是因为 VC 的投资者对 VC 管理团队一样是拣瘦挑肥，管这管那，一样在鸡蛋里面挑骨头。创业者后头有 VC 盯着，VC 后面也有基金投资人盯着，可谓是螳螂捕蝉，黄雀在后。做 VC 不是花拳绣腿，也不是请客吃饭。

所以，你大概就可以理解了，VC 是彻头彻尾的资本主义，他们能一眼看透创业者的风险在哪里，是否可控；也能一眼看到你的价值在哪里，有没有大到让他们意乱情迷。VC 就是要在有高速增长力的新领域里，找优秀得不能再优秀的团队，给他们足够的粮草弹药，让他们冲出去以迅雷不及掩耳之势占领市场，抱回白花花的银子。

你还想着画大饼来忽悠 VC 吗？真的创业家就应该真的做事，像前面说的那样，如果史玉柱、马云、陈天桥、丁磊都等拿到 VC 的钱再开始创业，中国互联网的历史就要改写了。

第十七章　创业与投资——养孩子和养猪

．
．
．
■

其实这个也是关于创业者和投资者关系的话题。或许你对自己开创的事业，对自己的公司如儿子一样地养着，但在VC眼中，你只不过是一头最好明天就养肥的猪。

对于相当多的创业者来说，他们并不真正关心投资者什么时候退出，甚至在拿钱的时候根本没有想过这个问题，只有一个信念——"我总有一天会做成大事、赚大钱的"，心中或许还对VC惺惺相惜，引为知己。

VC看好我的项目才投钱的啊，我们就是一条绳上的蚂蚱，风雨同舟，公司做大做强大家才能双赢不是？这话没有错，关键在于，创业者做企业像养儿子，儿子养大了可不愿意卖掉；VC投企业就像养猪，养肥了，就要杀了或者卖了。养猪的人理性，讲科学；养儿子的人讲感情。这种本质的差异有可能在某些时候凸显，引爆冲突。

养孩子和养猪的冲突

背景：微软宣布计划以446亿美元并购雅虎后，雅虎董事会断然拒绝微软的提议。雅虎公司的十个最大的股东中，大部分是机构投资者、证券公司或投资银行，雅虎的两位创始人费罗和杨致远，分别排在第三位和第五位。其中杨致远持股 3.95%，他的股票甚至没有那个搅局的激进股东伊坎多。

杨致远：微软出的价钱严重低估了雅虎，做这桩买卖不能为股东创造最大利益。

我们雅虎怎么会只值微软出的那个价钱？大家看看，我们在全球忽悠了 5 亿用户，全世界所有上网的人中，有一半是我们雅虎的网民。

而且，我们不光有量的优势，许多项网络服务都是全球数一数二的啊，包括个人化首页、电子邮件、新闻、音乐、购物及旅游等。

雅虎还是全球领先的陈列式广告供货商，占全球陈列式广告库存的九成，不得了。

而且，我们的财务倍儿棒，我们的品牌价值顶呱呱，市场机会无限广阔，我们已经准备要去攫取它。

稍等，我还没有说完，我们展望一下未来。网民今后每年以 15% 的比例成长，蛋糕越来越大，我们分到的当然更大啊，我们争取抢到那块奶油上面还铺上巧克力和水果的。股东们相信我，不要卖掉我们的雅虎，它身体棒，胃口好，一定很有前途……

股东们：首先恭喜致远老兄——你达到了自己的目的。虽然微软收购请求有利于雅虎长期发展，但你却成功迫使他们撤回收购请求。作为雅虎的创始人和 CEO，你一定已经打开香槟来庆祝，但你的股东们却找不到任何值得激动的理由。

14 年前，你与费罗共同创建了雅虎。显而易见，你无法想象雅虎会失去独立身份而出售给微软。那就让我们直面现实: 你天真地以为雅虎是你的孩子。

但目前的问题是，雅虎已不再是你的孩子。其实自1996
年雅虎上市以来，雅虎就不再是你的孩子。从1996年开始，
你突然必须回答雅虎新主人的提问，这些主人就是雅虎股东。
你的工作职责就是维护雅虎股东的利益，但我们却看到你并
没有这样做。我还没有看到哪家公司股东像雅虎股东一样对
你感到强烈不满。

有些股东可不会彬彬有礼。我敢打赌，你坐在雅虎CEO
位置上的日子已屈指可数。雅虎应该让一名更知道自己在替
谁工作的人来接替你目前的职位，你觉得呢？

（声明：以上对话有虚构成分。在这里引用微软收购雅虎的案例，
无意争执谁是谁非，只是展现创始人和投资者冲突的局面。）

雅虎创始人杨致远与投资者的矛盾是典型的"养猪"和"养孩子"
的冲突。我们也可以看见很多企业上市后，投资者便急抛圈钱的例子，
但雅虎却是少见的暴露在阳光底下的狗血。

对于雅虎的创始人杨致远——一个具有中国血统的人而言，把自
己辛苦拉扯大的企业卖掉，绝没有朱新礼所言的"像卖猪一样"潇洒。
他是"感性派"的代表。杨持有3.95%股份，他不看股价的高低，只
把这些当做纸面上的数字。他更想在这家公司里实现自己的梦想。

激进投资者的代表伊坎持有雅虎近5%股份，他的股票大多是在26
美元时买入的，如果微软以33美元收购成功，他的财富就可以在短短
数月内增值4亿美元。因此他极力促成这桩交易。没能如愿以偿使伊坎
大为光火，他开始像发动战争那样，放言清洗雅虎董事会，提出一套全
新董事会名单，准备在股东大会上PK掉杨致远。

最终，杨致远成为雅虎被投资者赶跑的第三个CEO。

和 VC 的恋爱，差异一直存在

雅虎的案例中，VC 的色彩并不明显，但天下投资人的做法是一样的。今年 4 月份，中国创投市场上外资出手的案例为零。但仅 5 月底，外资创投就砸了 10 亿元人民币。其中很重要的原因是创业板将要推出，退出渠道更明晰了，大家抓紧养项目。"退出"是 VC 一轮丛林冒险的终点，不然他就白跑了，白花花的银子也打水漂了。VC 跟创业者老讲恋爱婚姻、海誓山盟，但其实最终肯定要"离婚"，绝对没有一个 VC 会想跟你到什么"金婚"。

创业者要试图说服 VC，你能够在三五年内使他们的钱至少放大 10 倍、20 倍，他们才会有耐心来看你的项目。你可以去为你百年老店的理想奋斗终生，但你要知道，有的 VC 每一期基金的生命周期总共也只有五年十年。所以，天下没有哪一个 VC 有资格陪你到天长地久。

衡量投资者业绩的一个指标是 IRR，也就是"内部收益率"，笼统地说就是"使用在固定时间间隔（例如每月或每年）发生的现金流确定内部报酬率"。总之，IRR 中最重要的变量是"时间"。什么时候放钱进去，什么时候把钱拿回来了，"时间"决定 VC 是赚钱了还是亏钱了。随手举个例子，12 个月的回报率是 100% 可能意味着你赚钱了，但如果 5 年的回报率是 100%，那可能意味着亏了。

巴菲特的公式是：在每个行业里找到领袖，比如饮料里选可口可乐、零售业里选沃尔玛，给它们很多钱，然后耐心等待很长时间，它们总有一天会赚钱。但是，VC 的 IRR 指标和巴菲特不一样，巴菲特每年回报有 30% 就可以庆祝了，但 VC 要是每年的回报只有 30%，恐怕大家都要出局了。

帮助所投资的企业上市，是所有 VC 功成身退最直接也是最好的选择。只要 VC 所投资的企业上市，在不久的时间内，VC 就会在上市企业鲜花和掌声的余音里，把一箱箱真金白银悄悄地运走。至于今后该企业是骡子还是马，跟 VC 已经没有多少关系了，让市场去遛你看看吧。如果 VC 所投资的企业在一定的时间内，没有办法完成上市目标或者被某些大企业以好价钱收购，VC 恐怕就会选择另一条路了——拒绝继续投资，或者是撤出已经进入的资金，这时仰仗 VC 资金的企业恐怕就是九死一生了。

这就是 VC 的游戏规则。我的意思是，创业者在找钱、拿钱的时候，不要被白花花的银子晃晕了眼，不要只想象不久的将来你将踏上一条星光大道。人无远虑，必有近忧，要看清楚你用 VC 的钱的代价。

创业者的情感挣扎

在创业者这边，把企业当儿子养显然是很多人可以接受的观念。做企业很辛苦，需要用心去经营，需要全力以赴，不当孩子养，创业很难成功。劳其筋骨，饿其体肤，创业者都经受过了。父母一把屎一把尿地把孩子拉扯大，创业者也是投入自己的心血、自己的全部精力去做企业的。所以，对创业者来说，自己全身心呵护的一个宝贝疙瘩，怎么能说卖就卖？

现在，有企业家提出"把企业当孩子养，当猪卖"，但这个感情的弯儿恐怕还是很难转过去。可口可乐最终没能并购汇源，但处于风口浪尖的朱新礼显然不被大众理解。你怎么能说卖就卖呢？好像中国人民对汇源的感情比创始人还深。

朱新礼的感情同样复杂，他说自己签署协议之后，就把手机扔在办公室，找个山沟把自己关起来，麻木地过了三天，"我看到远远的山，远远的树，看到北京蓝蓝的天，不知道自己想什么"。创始人把企业卖掉都会很难受，但他仍作出全身而退的决定。

把企业当孩子养，是创业家精神；创业者自己能接受把企业当成猪卖掉，是成熟的表现。但从情感和决策上终究都不宜强求，所以，你还要不要融资？像史玉柱就不碰 VC 的钱，王中军也不要，他说不愿意被 VC 逼着上市。如果这钱你真的很想要、很需要，那就考虑一下怎么样保护自己的企业。

　　话说回来，矛盾也是对立统一的，养猪的人理性，注重科学，养孩子的人重感情，愿意全力投入。理论上说这也是一个互补的关系，坏事可能变好事。毕竟养孩子可能养出逆子，养猪可能养出瘟猪，这样就彻底双输了。至于怎么样才能使坏事变好事，路很多，也充满不确定性，缘分的色彩比较重，因此这里主要给大家提个醒。

3

第三部分

创业板大冲刺，麻雀变凤凰

一位基金老总的痛快大揭秘

第十八章　上市有什么好？

:
:
:
:

　　上个世纪 90 年代，我们经常听说老一代的民营企业家排斥上市，觉得一上市就容易丧失对企业的控制权。而且，自己十几年起早贪黑积累下的财富，本来想怎么用就怎么用，想怎么做就怎么做，但是，一上市就受外人约束，甭提有多别扭了。以至于地方政府都急得去动员企业家们，请专家讲课、培训，"市场不急市长急"，还落得吃力不讨好。

　　但是，这一代创业者，尤其是搞高新技术的创业者，不一样了。可能是受硅谷的影响，很多人带着还在脑袋里的创意找 VC 时，言必称纳斯达克，好像不想上市的创业者就不是有理想的创业者，企业不上市就不足以打动 VC，其实，他们可能连纳斯达克的门朝哪儿开都不知道。近两年来，我国创业板渐行渐近，也有不少创业者把创业板写进自己的故事里。

　　当然，现在上市对中小企业来说，不是那么遥不可及了。一个中小企业打拼到有三千万的现金流，可能就开始有小投行找上门，游说老板们上市了。华尔街的精英们必要时也很文采飞扬，把上市说得像一顿免费的午饭，"我把你弄到资本市场上，

你就圈钱去吧，做好心理准备啊，数钱可是要数到
手软的"。

其实，上市并没有那么美好。相反，也许是血
腥的。

为什么要上市？

考虑你的企业要不要上市，首先要正确认识上市这件事。上市、
IPO 这些词儿每天都在媒体上看到、听到很多次，但你未必真的理解它
们对你意味着什么。

上市既不是洪水猛兽，也不是免费的午餐。从某种程度来说，上
市是一场交易，我们先来看看企业上市的收益。

第一，当然是融资。民营企业不缺钱的是少数，这点就不用说了。
有时候企业做到一个阶段，瓶颈很难突破，需要资金；有时候跟竞争对
手跑马圈地，谁先上市可能意味着谁能主导行业的一轮洗牌。现在，很
多行业都在快速扩张，仅仅依靠自身积累，不太可能做到前三名。像连
锁酒店行业，如家、7 日、汉庭等都在一轮又一轮地抓紧融资，落在竞
争对手后面的结果将是毁灭性的。

第二，上市是创业者和员工的一个里程碑。对于创业者来说，上
市意味着自己的事业获得了认可；对于员工来说，创业艰难百战多，没
日没夜地加班，公司上市了，期权能够兑现，从物质和精神上讲，都是
丰厚的回报。前面说过的搜狐畅游是一个例子，上市的主要目的就是让
老员工分享成果。

第三，上市对企业是一个宣传自己、树立品牌的好机会。这几年
来，韩国、欧洲等的证券交易所都来中国游说企业到他们那里上市，都
说什么中国概念受欢迎，你们来上市，媒体和投资者都很关注，这是免
费宣传。因为一旦上市，媒体就会对企业大量报道，消费者就会关注企

业，股民们也会买股票，这是一个宣传企业的极佳机会。

第四，也有不缺钱的企业要上市，可能是为了明晰产权，很多中小企业发展初期都是家族企业，通过上市理顺产权。从长远来看，上市公司应该比家族企业有生命力，俗话说"富不过三代"，家族企业很难一代一代地传下去。

上市还有一个很大的好处是促使企业规范化。有人统计过，企业在上市过程中，要面临将近 3000 个财务问题、1800 个法律问题，还有各种经营性问题，上市逼着你去规范，不规范就无法上市。

而且，如果选择到美国或者我国香港地区上市，由于他们的监管体系比我们强大太多。尤其是在美国，这个律师比股民多的国家，你出了任何问题，都可能在他们的放大镜中被集体诉讼。其实，包括分众、前程无忧等公司都"享受"过这种待遇。

为什么不上市？

上面讲的是上市的收益，我们再来看看上市的成本。

第一，上市圈钱之前先要出血，企业发行上市的成本费用主要包括中介机构费用、交易所费用和推广辅助费用三部分。这些费用具体是多少，要看企业的情况，在哪里上市，发行股本，企业规模，等等。但这绝对是一笔很贵的费用，举例来说，华为不上市让很多证券公司和投行很不爽，不仅任正非被人轮番游说，连他的员工都经常被投行包围。

为什么？有人根据华为 2007 年的业绩估算过，如果华为上市，市值总盘子在 1 万亿人民币左右，如果流通股占 40%，那么流通股的总盘子将在 4000 亿左右，中介机构从华为 IPO 过程赚取的承销费、律师费、会计费大概有几十亿！知道天底下没有免费的午餐了吧？

第二，从私人公司变成公开上市的公司，一个很大的变化就是你和你的企业没有隐私权了。企业上市后，在竞争对手面前就变成"明枪"

了，威力未必比得上"暗箭"。

Google 在美国上市，筹资额高达 16.7 亿美元，但上市也为Google 带来了巨大冲击。长期以来，谁也搞不清楚 Google 的财务数据、搜索技术、人员状况、股东构成等，也正因为如此，竞争对手摸不清其底细。但按照国际通行的会计准则，上市时，公司必须协助审计师完成审计报告，需要提供公司产品结构、公司在行业中的竞争地位、客户情况、供销商情况，还需要提供公司固定资产、知识产权、当前和未来的战略目标和具体措施等详细资料，其中涉及不少公司机密。

上市之后，企业还有定期公开业绩报告的义务。可以说，公司完全处于公众，特别是竞争对手的视线之下，这对于公司经营显然是不利的。

另外，在个人层面，创业者是大股东，上市以后财富都暴露了。大家都追着看你有多少钱，你过什么样的生活，几辆跑车、游艇什么的，每一个财年你的财富是缩水了还是膨胀了，这些媒体喜欢写，老百姓也津津乐道。所以，你先考虑清楚：你愿意不愿意当一个上市公司的老总？

第三，有一位民营企业的创业者戏称，上市后，婆婆越来越多，搞得像国有企业了。的确，有些企业上市后，董事长无暇考虑战略问题，而是纠缠于眼前问题；股东大会也不考虑企业未来，而是热衷于关注明天的股票是升还是跌，前面说过雅虎的杨致远和股东们的矛盾就是最好例证；董事会成员考虑的是如何免责，谁都不想签字，不愿承担责任。有人将这种情况形象地概括为：管企业的人很多，但关心企业发展的人很少。

从某种程度上说，企业上市可以降低决策失误的成本。但是，企业经营的事情真的很难说，我们经常听到很有传奇色彩的故事，某个企业家力排众议，最终带领企业杀出一条血路。商业最吸引人的地方就是超前的眼光，以及把先见变成现实的过程。但是，超前的眼光很可能大多数人不能理解，作为上市公司，你看好的事情可能做不成了。所以，上市公司犯的错误少了，活力也少了。

还有一点，公司上市要经过一个无比烦琐的过程，有的创业者在这个过程中就被弄崩溃了。有一个创业者为了省事，大部分上市事务都交给员工去做，结果去聆讯时，人家问的问题他答不出来，只好说是员工在管，人家就说你再回去准备吧。这一拖，时间、财力和人力又花出去一笔。公司每个季度，CEO、CFO 都要站出来进行财务报告，跟投资人面对面沟通。这些事情不像想象中那么简单，你要发大量监管报告，有的创业者天生就不喜欢干这种事情。

上市还是不上市？

说白了，上市就是一场利益交换：创业者放弃部分控股权，一是换钱，二是寻求发展机会。投资者则提供资金来换取长远收益。

到底要不要上市，一般的道理对于所有的企业都适用：如果你不缺钱，或者能从别的渠道用更低的代价拿到钱，如果你不想和其他人分摊利润，如果你受不了上市之后被更多婆婆管着，那最好不要上市。

你自己的企业要不要上市，终归要你自己来决定。如果你觉得实在不必上市，就学学任正非的定力，上市这件事可以听大家的意见，但最了解企业的是你自己，你要独立地作决定。

逼你上市的可能有 VC，IPO 是 VC 最好的退出渠道。一个基金生命期一般是十年，因此 VC 一般希望企业在五到六年内就可以上市。我们前面说过，VC 跟创业者立场不一样，你做企业是养孩子一样，VC 投资企业像养猪一样，养大了要想办法卖个好价钱。上市后你的企业怎么样，就不关 VC 事了，所以自己的路怎么走，自己要看清楚，不要让别人替你作这个决定。

同样，投行、中介机构也会为了赚钱来游说你。所以，你要清楚

179

他们做这件事的出发点，同时站稳你的立场。

如果你决定要上市，还要考虑什么时候是你上市的最佳时机，这个时机的讨论可以有内在和外在的因素。

内在因素就是，你的利润有没有到一定的阶段？比较而言，中国香港创业板、新加坡、伦敦的板块硬性条件比较低，三四百万的利润可能就上了；纳斯达克的条件越来越高，一般利润需要七八百万美金，而且增长幅度不错。

外在因素决定你如何动作，走多快。新东方和中国教育网都想当第一只在纳斯达克上市的中国教育概念股，在这种情况下，竞争对手就成了一个外在的因素，因为谁都不希望竞争对手比自己先上市。如果对方开始走这条路了，你要考虑你怎么走得更快。

考虑外在和内在因素也可以加大上市胜算。上市一旦不成，对企业的打击很大，首先是企业损失了大量跟运营没有关系的人力、物力和财力，其次打击了员工的信心，再次市场也会对你失去信心。所以上市不是一件很轻松的事，怎样重视都不为过。

如果你决定上市，最好成立专门的工作小组，做好上市前后的研究工作，还必须要求投资方给你来个"沙盘演练"，以清晰自己未来的"资本运作模式"。

因为上市后，你就是单枪匹马在股市独立运作了。投资方一般会在企业上市后，通过在股市上一番熟练的操作，把他们手上的流通股抛售套利，跟你拜拜，转身去赚另一笔大钱了。你手上的"非流通股"就被打回原形，很可能长达半年以上的时间在股市上"有价无市"，静悄悄地扮"ST股"。

在决定上市前，要请专业的人做好上市后的资金规划。企业上市可以融到很多资金，获得更多资源，这是机会也是陷阱，因为一旦犯错，错误也会更严重，甚至不可挽回。有些企业上市之后，并没有像预期中那样快速发展，发展速度反而下降了，甚至极其缓慢。为什么？有些企业家上市圈到钱了，心想，终于不用自己一分一文积累，可以来搞"资本运作"了。于是看见哪里赚钱就往哪里投，像房地产、IT等，和主业并没有什么关联。

能白手起家做到几千万的是成功的创业者，但从几千万做到几亿甚至几十亿，创业者未必玩得转。投入资金的尾数每增加一个零，投资模式、投资方式、投资组合、投资方向，就与上一级完全不同，千万不要用过去的经验轻视"投资级数"的专业知识。

企业在上市前，就应该规划好要把钱投资到哪里。投资者每天都在关注企业，如果企业定位模糊，他们会质疑企业的发展方向和前景：难道这家司要把它的所有资金和资源平分到所有产业？它能做好所有的事情吗？企业吃饭的看家本领到底是什么？它投资其他行业又为了什么？这家企业到底有没有长远打算？这都是定位不明确惹的祸。要知道，在证券市场上，投资者都是用脚投票的。

举例来说，麦当劳的定位就很明确，消费者一听到麦当劳就想到汉堡包、鸡翅。其实，麦当劳也卖薯条、汽水和冰淇淋，但它永远都是做汉堡包的广告，而不是汽水和冰淇淋广告。麦当劳也投资房地产，因为麦当劳知道，它每到一个地方，就会带动这个地方及其周边地区的人气，起到聚集作用，带动周边商业的发展。以前麦当劳开店都是租的，现在是买下来，而且是以相对便宜的价格买进，它开店之后，房产就增值，麦当劳股价就上涨。但麦当劳从来不宣传自己投资房地产，因为它知道自己的核心业务是什么，应该向消费者传播什么。

我在这里讨论上市好还是不好，似乎悲观的色彩更浓，这主要是因为在新一代创业者中，上市实在太热了。我意在先泼冷水，希望大家先清醒清醒。资本市场是最无情的，不要迷迷糊糊地去跟风，免得带上金手铐跳舞时才大呼上当，更免得赔了夫人又折兵。

另外，即使不上市，做到相当规模的企业也应该主动明晰产权，优化企业的管理体系。华为虽然一直咬紧不上市，但他们在各方面都已经很国际化、规范化了，管理体系几乎都是由 IBM、Hay 这些著名的国际咨询公司为华为度身定做的。即使没有精明的投资者逼着你，你也应该主动在规范和管理方面下工夫。

第十九章 你想过公司股票出口吗？

．
．
．
．

　　把你的公司股票出口，就是在境外上市。一场由内地民营企业为主角的境外上市浪潮，缔造了资本市场一个个财富的神话。

　　2007年，碧桂园在香港联交所上市，女继承人杨惠妍的财富超过张茵，成为中国内地首富；潘石屹、张欣夫妇的SOHO中国在港交所上市当天，两人所持股份的市值高达300多亿港元，积累巨额财富只用了12年；阿里巴巴成功登陆港交所，是中国互联网公司规模最大的一桩融资，市值超过200亿美元，也让其成为2007年港股的新股王；巨人网络在纽交所上市，掌门人史玉柱一夜之间从"负翁"变成"富翁"，他的创业团队中还产生了21名亿万富翁。虽然这些富人在金融危机中瘦身不少，但境外上市魅力不减，依然是很多创业者奋斗的终极目标。

　　不管跨越重洋的路是不是坎坷、遥远，民众和创业者们对境外上市的故事应该都耳熟能详了。有个创业者说，他创业的梦想，就是要到纳斯达克敲一下钟。我认为他的想法是不可取的，上市对企业来说是一种选择，企业做得更大更好的一种手段，而不应该是目的和终点。但从另一方面看，毕竟境外资本市场离我们的创业者越来越近了。

为什么有大批企业到境外上市？

"千军万马奔深圳"

大家都知道，境内的信贷机制对中小企业很不公平。银监会的一位官员亲口说，银行爱富嫌贫，偏爱大型的国有企业；而且爱公嫌私，总是贷款给大型的国有企业。因此，民营中小企业需要钱，但是借不到钱。

上市是融资的一个选择，但在中国内地，上市实行通道制，要等很久，排很长的队，犹如"千军万马过独木桥"。有些企业上市要花三至五年的时间，在这个快鱼吃慢鱼的时代，很多企业等不起。对于创业者来说，如果在境内上市，以前就是深圳的中小板，再加一个创业板，我们把这种情况戏称为"千军万马奔深圳"，境内上市的通路还是很拥挤。

2008年9月后，A股的IPO静悄悄地停止审批，说要改革新股发行体制，原先排队准备上市的企业一下子前途渺茫。直到2009年7月，桂林三金药业上市，才重启IPO。所以，有时候政策的事大家都看不懂，猜不透，而境外市场比较容易把握，不确定性比较小。

在这样的情况下，民营企业纷纷走出国门，境外上市的热潮一浪高过一浪。中国大型的国有企业和主权资金往境外投资，并购企业，买矿产资源。反过来，境外资金投的是中国的民营中小企业。

"外资控制了中国互联网"

最近一家研究所发布的报告中说，目前中国互联网几乎是外资的天下，外资"控制"中国互联网公司的一种重要方式就是中国企业境外上市。目前，中国有代表性的 16 家上市互联网企业中，有 14 家在美国上市，2 家在香港上市。

　　为什么互联网公司好像特别喜欢境外市场？这也是由于国内金融制度不健全，使互联网公司在国内上市"不合标准"。我国目前还没有"二板市场"制度，只能在主板市场上市。主板市场上市的门槛比较高，比如"上市前三年盈利"、"净利润超过 3000 万"等，这些上市资格门槛足以把很多互联网公司拒之门外。另外，上市后有主营业务、实际控制人和管理层变动等限制，而一般互联网公司运营模式都很灵活，而且大多吸收 VC 的资金，创业性股权急于通过上市套现，流动性要求不匹配。

　　另一方面，如果互联网公司在境外上市，比较容易被接受，上市快，成本低，募集资金多。国内的高新技术企业，包括无锡尚德、分众传媒、网易、新浪等，都在境外上市，市盈率让企业满意，还很受投资者欢迎。两种形势对比之下，很多创业者就漂洋过海上市去了。

"国企境外上市也疯狂"

　　为什么实力雄厚、八面威风的大型国企也一门心思要股票"走出去"？境外上市条件比境内苛刻，有时在定价上还会打折扣。中国人寿、几家国有大银行、中石油等巨无霸级别的企业股票都"走出去"了，前几年还引发一场大论战，质问这些国企为什么赚中国人的钱，却给外国人做活雷锋？很多人并不理解。

　　客观原因是当时境内股票市场的空间有限，恐怕支撑不起这些巨无霸动辄上百亿的发行。决策层还有一个考虑，就是要送这些国内的大哥大出去，轻则给他们观念和管理上镀镀金，重则"浴火重生"。事实上从一开始，决策层批准这些国企境外上市的时候，考虑的就不仅是融资，而是要推动国有企业的改革。

　　一个大型国有企业，要走向市场化和国际化，摆脱原来的运行模式和思维定式，其间必然要经历一个艰难与痛苦的转变过程。融资是短期的收益，国企在体制上、观念上的转变才是长远的收益。

国企到境外上市，必须遵循境外市场的"游戏规则"，就像套上紧箍咒。一是要满足投资者和股东的要求。投资者要看投资回报，看企业能否盈利并实现可持续发展。管理层要向股东说明企业的经营模式、发展战略、业务计划，还要有事实根据。二是必须达到更严格的监管要求。境外证券监管机构很关注信息披露，企业要把历史的、现实的、未来的信息充分、如实披露。这就把企业推到了一个监督更严格的环境中。

而且，境外上市能直接跟纽约、香港这些国际最重要的资本市场打交道，开阔视野，建立平台，打通渠道，从对企业的长远规划来看是相当值得的。

当然，这些海外上市的国企有没有真正成长，付出的代价是不是值得，要假以时日才可以评判。

抛来媚眼的境外资本市场

近年来，中国概念在全球资本市场越来越受关注，加上中国企业境外上市热，国际上最重要的海外交易所都已经在中国设立代表处，频频向想要上市的中国企业伸出橄榄枝。

人们听得比较多的是谁在纳斯达克、纽交所上市了，谁在香港联交所上市了。除了美国和中国香港，全球比较重要的交易所还有欧交所以及德国、日本、新加坡等证券交易所。各个交易所的具体情况和上市要求我们会在下一章重点介绍。

现在，这些重要的境外交易所纷纷来中国"招商引资"。纳斯达克也已经在北京设立代表处。史玉柱的巨人网络上市之前，纳斯达克的北京代表处盯了他五个月，但史玉柱最后还是跑去纽交所。而巨人网络上市时，纽交所还特意挂了一面中国国旗。

听起来好像可能的选择一下子多起来，要怎么选择上市地呢？专业的投行和中介机构会根据你企业的情况，给你中肯的建议，我在这里只简要讲几个要点。

企业境外上市具体的考虑方向，一是企业的商业模式要与想去的市场相契合。互联网企业去纳斯达克上市是最好的，做替代能源的选择德国可能更好，做零售的去香港上市比较好。这就是为什么我们国家的互联网企业很喜欢在美国上市，像百度，它只需要用一句话介绍自己，"中国的 Google"。

二是企业管理者的素质、文化背景最好能适应相关市场，例如加拿大和墨西哥的公司通常会选择在美国上市。在芬兰，说瑞典语的投资者比较喜欢 CEO 也说瑞典语的公司。

三要考虑对不同市场价格波动的承受能力。赢利不稳定的公司股票价格大幅下滑，会带来非常恶劣的影响。同在美国纳斯达克上市的百度和网易，早期股价差异很大，很大程度上是由于当时它们的管理者对市场的适应性不一样。用友和金蝶分别在中国内地和香港上市，由于市场管理机制的不同，公司的成长性就拉开了距离。

另外，一个公司在某个市场的销售额越大，在那里的品牌知名度也就越高，选择在那个国家或地区的股票市场上市，成功的可能性就越大。这可以解释，为什么主要销售额在境外的中国公司，也会选择在境外上市。

境外上市谨防陷阱

真假中介机构

在一片境外上市热中，越来越多中小企业心动了。但创业家们大多没有资本运作的经验，一般对境外上市的方方面面并不了解。这时候选一个好的中介机构至关重要。但利用企业上市心切和经验缺乏行骗的假中介，几乎成了一个"行当"，曾经看到一家媒体的调查报道中说，有近千家公司做海外上市财务顾问，但正规的连 10% 都不到。不少中小企业倾注了金钱和时间，最终却落入骗子的陷阱。

几年前，有一个骗子先后用世界银行和纳斯达克的名号诈骗，说可以帮企业上市，让企业交一大堆各种名目的中介费。结果一大批企业上当，被骗了 10 万到 30 万人民币不等，还被忽悠得团团转，又是准备材料又是找律师的，最终自然是竹篮打水，骗子也消失在茫茫人海中，隔一段时间再换个名号重出江湖。

有的中介机构没有职业道德，一味"忽悠"，报喜不报忧。有一家浙江的民营企业，听信香港投资顾问的花言巧语，花了上千万元的上市费用，获批在海外创业板上市。但到最关键的认购新股时刻，投资顾问才告诉企业，当时香港投资气氛不好，企业的情况又吸引不到投资者，等等。企业家傻了眼，真是赔了夫人又折兵，但也毫无办法。

真假纳斯达克

另外，在"去美国上市"的幌子下，很多中介机构故意混淆纳斯达克和 OTCBB（场外柜台交易系统）的概念，将 OTCBB 上市等同于纳斯达克上市。比如，前面提到的打着世界银行的骗子，他在自己的网站上大讲纳斯达克上市，将 OTCBB 与纳斯达克混为一谈。

有一些不正规的中介机构持有大量的 OTCBB 劣质壳资源，为了推销这些壳往往不择手段，把到 OTCBB 买壳上市描述得天花乱坠，说成到纳斯达克上市。其实，主流的国际投行从来不会推荐中国公司去 OTCBB 买壳。为什么？因为 OTCBB 只是一个会员报价媒介，并不是发行公司挂牌服务机构，既没有挂牌条件和标准，也不提供自动交易执行体系，也不与证券发行公司保持联系，做市商（Market maker）承担的义务也与纳斯达克不同。

在 OTCBB 交易的，主要是从纳斯达克等主板市场退市，或达不到在主板市场挂牌条件的股票。这样，混迹在 OTCBB 就意味着你出身卑微，说句不好听的，OTCBB 难免给人以"贫民窟"的印象。原本业绩不错的企业，被忽悠进 OTCBB，等同于自降身价。

有些中国民营企业号称在所谓的美国纳斯达克上市，其实并不是真的纳斯达克，而是 OTCBB。中国有限通信公司在 OTCBB 上市，它的管理层说，虽然大家都知道 OTCBB 不具权威性，但是在中国，这相当于打上了美国记号，对他们来说这是件很光荣的事。但实际上，到底是挂块美国牌子使企业风光自信，还是打掉了牙齿和血吞，只有当事人自己心中清楚了。

抛开虚荣的面子问题不谈，从融资功能上讲，OTCBB 也不是个好的选择，因为 OTCBB 基本上没有融资功能。而且，从 OTCBB 升级到纳斯达克长路漫漫，但有的中介机构把 OTCBB 称为纳斯达克的副板市场，并大力宣传以后可以从 OTCBB 升入纳斯达克市场。

的确有好企业能从丑小鸭变成白天鹅，比如微软。但是，升入纳斯达克，有一条限制是你的股价不能低于 4 美元，这就把 OTCBB 上的大多数企业挡在纳斯达克之外了。因为 OTCBB 上，大约四分之三的股票低于 5 美元。很多曾经在 OTCBB 上叱咤风云的"中国概念"都已经变成"明日黄花"，时力永联、蓝点软件的股价曾经高达 20 多美元，但现在已经沦为垃圾股。而且，多数中国企业在 OTCBB 的股价不足 0.5 美元。

这里说的是别人坑害企业的陷阱，除了要擦亮眼睛，企业家还要认清自己，上市前也要好好了解你的目标市场，不要搬起石头砸自己的脚。讲完境外上市的概况和注意事项，我们下面将了解国际上这些最重要的股票交易所。

第二十章　境外创业板排排坐

．
．
．
．

　　到境外资本市场上市，是你创业的里程碑，也可能是你创业人生的高潮。选择到哪里上市则关系到你能融到多少钱，以及公司未来的融资能力。很多人低估了自己的实力和价值。其实对于交易所来说，一个好的公司就是他们的资源，是他们追求的对象，纳斯达克等境外创业板主管机构现在都在中国内地设立了办事处，抢夺上市资源。所以，你的公司发展到一定规模，看到"钱"途以后，就应该考虑上市了。

　　中国内地创业板出生以后，深圳当然就是你创业人生的最大目标地，不过，在中国内地上市，面临的很大一个问题是政策风云，各种关系错综复杂，竞争异常激烈，千军万马过独木桥，排队到什么时候都不是你能控制和预测的。不过，内地上市的好处是市场不是很规范，如果成功上市可能融到更多的资金。由于内地市场的不确定性，到目前为止，更多的企业还是选择到境外上市，如光伏企业无锡尚德等。到境外上市的好处是能够享受到中国溢价，坏处是监管严格，一不小心就可能被诉讼。

　　另外，在中国内地上市和在境外上市的最大区别是，中国内地创业板是有赢利要求的，而境外市场一般都没有赢利要求。

我会着重讲讲离创业者们更近的创业板市场。

到美国纳斯达克敲钟

相信到纳斯达克敲钟是很多现代创业者的梦想。我相信，只要通过努力，你的梦想是一定可以变成现实的。

纳斯达克是中国人最了解的海外交易所，也是全世界到目前为止最成功的市场。2000 年以来，新浪、搜狐、网易、盛大、百度等企业纷纷在美国上市，形成了中国概念股板块。光 2008 年就有 22 家中国企业在纳斯达克上市。到现在为止，在纳斯达克挂牌的中国企业大约 100 家。

纳斯达克为什么成功呢？很重要的一个原因是：美国有一大批优质的创新型企业，像微软、思科等。所以不是纳斯达克造就了英特尔，造就了微软，应该反过来说，是这些创新型企业造就了纳斯达克。所以有一大批优秀的创新型企业是非常重要的。

从 2006 年 7 月起，在美国上市的全部公司都要开始遵守萨班斯法案。在安然、世通等大型公司暴露出惊天财务丑闻之后，美国通过了"史上最疯狂的"财务法则，也就是萨班斯法案。

萨班斯法案实施之后，中国不少原本想去纳斯达克上市的企业选择了中国香港和伦敦。中国国航股份就是因为这个法案，决定将上市地点从美国改为英国。而上海电气集团、神华能源和中国远洋控股公司，都放弃在美国上市，选择在中国香港上市。还有不少海外上市公司打算从美国的证券交易所退市。2007 年，最早进入美国资本市场的中国企业——华晨汽车宣布从纽交所退市。因为要遵守萨班斯法案，就须向审计公司支付巨额咨询、审计费用，以及高昂的内部遵循成本。跟这笔天价成本相比，华晨融到的资金就显得微不足道了。

不过，现在看来，虽然当时怨声载道，在纳斯达克上市的中国企业还是逐年递增。

纳斯达克本身有三个不同层次的市场：一个基本市场，一个全球市场，一个全球精选市场。全球精选市场的上市标准是最高的。这三个不同层次的市场，他们的上市标准拉开的差距也较大，基本可以满足不同类型企业的上市要求。

纳斯达克流行一句俚语：Any company can be listed, but time will tell the tale. "任何公司都能上市，但时间会证明一切。"与创业者们共勉。

到香港创业板上市

香港创业板目前不活跃，即使在香港上市的阿里巴巴、腾讯等都在主板市场，但到香港创业板上市也是一个选项。

在中国内地，香港市场曾经是"资本市场"的代名词。成立十年的香港创业板近年来却走入持续低迷的怪圈，曾被誉为"香港纳斯达克"的创业板交投一年比一年冷清。

47、57、57、27、21、10、6、2、2，这是香港创业板从2000年至2008年，每年新上市公司的数量。这意味着香港创业板正在面临着货源的干涸。

而且，一些在香港创业板上市的中小企业时常抱怨，流动性不足使公司股价长期偏离合理价值，有时市盈率低到只有2—3倍，企业很难通过资本市场再融资。在成本比收益还高的情形下，一些中小企业只有无奈地选择退市。

香港创业板出现的最核心问题是缺乏主导性的优质企业，上市资源缺乏，有市场但没有好货色。事实上，由于香港创业板的边缘化，有些在创业板上市的公司本来很好，但也容易被投资者忽略。没有实体经济的支撑，创业板难以凝聚投资信心。纳斯达克之所以成为全球最好的创业板市场，很重要的一点就是有英特尔、微软这样的好公司。不是好交易所成就好公司，而是好公司成就好交易所。

不过，即使处于低迷期，香港创业板自身的优势仍然存在。香港是国际金融市场，信息化程度高。而且香港有一批成熟的金融投资家，有全世界最精明的万千小股民，也有不少十分专业的经纪公司和交易经纪人，还是比较适合内地企业"经风雨、见世面"的。而且，相对于其他境外市场，香港资本市场有着中西结合的优势，仍是内地企业境外上市的重要候选地。

香港创业板也在不断调整。2008年5月，港交所公布《创业板咨询总结》，其中有一条表明，创业板上市企业转向主板的程序将简化，而且转板费用减少一半，并把香港创业板未来的发展方向正式定位成二板市场，以及跃升主板的"踏脚石"。

简化转板引发了一场好企业向主板的"胜利大逃亡"，也引发了不少担忧。简化转板是救活创业板的权宜之计，但这使得创业板更难留住好公司。我们前面说过，好公司才能支撑好的市场，如果今后只是送旧迎新，创业板始终难以发展起来。

香港创业板长期以来的低迷表现，确实让很多内地的优质中小企业持观望态度。另外，上市的成本也是需要考虑的因素。到香港上市，一般的企业无论是大或小，所有中介费用最少的也要1000万港币。如果只融到一两千万，有一半给中介机构，那就太不划算了。

如果想在香港创业板上市，企业要有单一的业务。因为这些企业刚刚起步不久，企业管理层包括人力资源方面都比较有限，所以投资者不希望企业涉足过多行业，贪多嚼不烂，对投资者来说没有保障。主板虽然没有这样的明确要求，但是也要求主营业务突出。

另外，香港创业板要求有两年活跃的经营记录，但是没有盈利的要求。其实，大多数上创业板的企业都是有盈利记录的；主板要求有三年活跃的经营记录，而且税后盈利最近一年至少达到 2000 万港币，最近两年至少达到 3000 万港币。

为了在金融危机的阴影中吸引企业到主板上市，港交所近日在考虑降低企业在主板上市门槛，如果申请在主板进行 IPO 的公司因为金融危机的影响，暂时影响了业务记录期的盈利，港交所可以考虑豁免个别申请人，不用遵守"盈利测试"的规定。

到韩国科斯达克上市

韩国证券交易所运行着三个市场：主板市场、创业板市场和期货市场，这三个市场在 2005 年 1 月份整合成现在的韩国证券交易所。韩国证券交易所的市值在全球排名在第 17 位，交易额排名第 10 位，有1700 多家上市公司。

韩国的创业板就是科斯达克市场。科斯达克 1996 年成立，受到亚洲金融风暴重创的韩国正是通过科斯达克引领国家的创新热潮，实现了经济的成功转型。韩国三星电子以科斯达克为持续融资的平台，并最终超越日本索尼。甚至有韩国人认为，科斯达克改变了一代韩国青年的价值观和社会风气。

科斯达克的流动性比较丰富，2005—2007 年连续三年换手率排名世界第一位，2008 年纳斯达克超过了科斯达克。很多人关注发行市盈率，以 2009 年 4 月来比较，韩国上市的市盈率已经超过了中国香港和新加坡。2009 年 5 月，科斯达克的市盈率达到 48 倍，主板市场达到 18倍，是很可观的数字。

2009 年 5 月，中国远洋资源在韩国主板上市，这只中国概念股融资率超过 3.6 亿元人民币；中国巨星国际在科斯达克上市，筹资额近 3亿元人民币。现在，在韩国上市的中国企业已经已有 7 家，其中主板上市的有 3 家，科斯达克上市的 4 家。

那么，哪些行业适合在韩国上市？韩国制造业占整个上市企业的 54% 左右，制造业的水准比较高，韩交所给制造企业的市盈率会比较高。韩国的网游等行业也很有名。

科斯达克的上市条件也各不相同：如果是风险企业，只要其小股东持股比例达到 20%，监事认为适合上市，即可登记上市。

如果中国企业在韩国主板上市，需要满足经营年限 3 年、净资产不少于 8000 万元人民币、3 年平均每年销售额最少达 1.6 亿元人民币等条件。此外，还要有高度透明的企业治理、会计制度，并提交符合国际会计准则的会计制度和"无保留意见"的审计意见。由于国内很多企业在治理结构和会计制度上无法与国际接轨，只能望"韩"兴叹。

另外，最大股东在上市前一年不能变更，主板锁定期是 1 年，创业板是 6 个月。

韩交所的上市承销费大概是募集资金规模的 5%。也就是说募集 1 亿元人民币需要发行费 500 万元以下，而同样的募集规模在港交所则需要 1000 万元，在新加坡需要 800 万—1000 万元。

去伦敦 AIM 上市

伦敦交易所的创业板就是 AIM，直接翻译过来叫做另类投资市场。AIM 是全球上市审查最宽松的市场，也是全球最成功的高成长企业市场之一。

对于刚刚起步的公司来说，进入 AIM 市场是进入挂牌市场的第一步。它侧重于满足成长中的企业的需要，这些企业还没有达到在主板上市的标准，或者没有更适合的市场融资渠道。换句话来说，AIM 市场是伦敦证券交易所为英国和海外初创的、高成长性公司准备的。很多现在在主板引人注目的公司就是从 AIM 起步的。

AIM 市场除了对会计报表有规定要求，没有其他上市条件，没有融资规模和营业机构、盈利等限制。伦敦交易所的一位高管曾经开玩笑说："只要有人接受你的故事，拿张藏宝图都能上市融资！"

AIM 并不进行实质审查，由保荐人进行上市担保，而且上市公司任何时候，包括上市前后，都需要有保荐人。所以，AIM 市场重视保荐人的作用和上市公司的自律。现在，在 AIM 上市的中国企业有大约 70 家。

AIM 的成功在很大程度上归功于保荐人机制。在 AIM，投行会承担起监管公司的职责，这样可以大大降低投资者的投资风险。而香港创业板是"买者自负"，一切风险由投资者自行负担。另外，AIM 市场上 60% 以上是机构投资者，机构投资者很重要，是稳定一个证券市场的基石。

有一家做企业内容管理（ECM）起家的公司叫新锐国际，现在，他们已经是中国市场上除 IBM、Oracle 之外的第三大企业内容管理解决方案提供商了。

2006 年，新锐国际在 AIM 上市。在上市之前，他们虽然在业内已有一定的名气，但其发展需要进一步的后续资金，但当时要在境内市场融资真是困难重重。于是，新锐国际瞄准了境外资本市场。 经过一番考察，CEO 王卫东得出一个结论：在美国往往看的是企业增长得有多快，而在伦敦则更多是看企业的持久盈利能力和增长性。于是便选中 AIM 上市。

新锐国际在 AIM 上市后，迅速得到了市场的认可。2007 年，公司被评为 AIM 最佳技术公司之一，而且是 2007 年伦交所股票增长率最高的中国公司。

目前，总体来说，伦交所在中国创业者的视线中仍然比较边缘，中国企业最熟悉的当然是美国和中国香港，只是随着这两个市场融资难度的加大，才逐渐转向了伦敦。

到新加坡凯利板上市

新加坡早在 1987 年就建立了 SESDAQ（新加坡股票交易所自动报价市场）。在新加坡 SESDAQ 上市的条件相对比较宽松，只须在新加坡设立一个创业公司，有三年或以上连续、活跃的经营记录，并不要求一定有盈利，但会计师报告不能有重大保留意见。

SESDAQ 在韩国开了二十多年，很难说它是成功的。2007 年底，新交所推出凯利板，正式取代 SESDAQ 市场。

凯利板是一个为本地和国际成长型公司设立的上市平台。英文名称为"Catalist"是由"Catalyst"（催化剂）和"Listing"（上市）两个单词合并而成，意思是在凯利板上市将是快速成长企业成功的催化剂。当然，现在判断凯利板能否成功为时尚早。

凯利板跟 AIM 有一点相似，就是引入保荐人制度。新加坡主板市场由新交所监管、监督，凯利板市场由新交所监管，保荐人监督，公司上市审批和上市后的监督都是由保荐人负责。在凯利板上市没有任何财务准入标准，也没有具体的规模要求。

而且，考虑到很多高成长性的创业企业会引入 VC（Venture Capital，风险投资）和 PE（Private Equity，私募股权投资），凯利板对创投的退出也作了规定。这部分资金如果在 IPO 当日或 IPO 后很短的时间内退出，对公司经营及现有股东的利益就很不利。为了平衡创投与公司现有股东的利益，新加坡交易所主板和凯利板的上市规则都规定，创投资金在 IPO 时出售的股份价值不得超过当初的投资成本。至于剩余股份的退出，主板的锁定期是 6 个月，凯利板的锁定期是 12 个月。

中国企业在新加坡上市，投资者的认同度会比较高。新加坡百分之七十以上是华人，对中国更有文化认同感，也更了解中国的情况，跟中国企业的沟通能力也更强，投资者更容易接受中国企业在新加坡上市。到新加坡上市的中国企业一般规模都比较大，所以一般是在主板上市。就目前来看，在新加坡上市的中国公司交易活跃程度都比较高。所以，去新加坡上市是中国企业可以考虑的一个选择，当然，持续关注一段时间再作决定可能更稳健。

凯利板首次上市费用为 15 万—50 万元人民币，相对于其他创业板来说更便宜。而且，据说凯利板上市很便利，上市审批程序够快捷。自公司递交上市申请材料起，五周到六周就能完成所有程序。

日本创业板三选一

日本的创业板之路比较复杂。

1998 年，佳斯达克（JASDAQ）市场成立，这是日本模仿美国纳斯达克，在 OTC 市场（场外交易市场，又称柜台交易市场）的基础上建立的，最初主要是面对日本国内的风险企业和一些高科技企业。2004 年 12 月，日本佳斯达克升为证券交易所。佳斯达克是日本最大的创业板市场，也是迄今发展比较成功的创业板。

1999 年，东京证券交易所设立自己的创业板——Mothers，也叫"高增长新兴股票市场"。2000 年，日本纳斯达克在大阪证券交易所开张，这是软银集团和美国纳斯达克市场联合创办的日本分店，成立之初很有雄心，立志要吸引思科及星巴克这种级别的大公司来上市。Mothers 和日本纳斯达克展开了激烈的竞争。日本纳斯达克在科技股大跌以及"水土不服"的压力下，在 2002 年关门大吉，撤出了日本市场。

而现在，中国的中小企业要登陆日本资本市场，有三个选择：包括东交所的创业板 (Mothers)、大阪所的创业板——大力神市场 (Hercules) 和佳斯达克 (JASDAQ)。

有熟悉日本交易所的朋友说，日本证券市场有点"半封闭"色彩，如果不是本地企业，企业里也没有日本创投支持的成分，很难玩得转。而且，我们前面说过 2005 年的亚洲互动传媒丑闻，这也使中国企业在日本投资者心中的信任度一落千丈，恐怕需要假以时日才能刷新形象。

日本几个创业板的市盈率都比较高，尤其对于高科技行业。不过，用"讲故事"的方式可以成功登陆纳斯达克，但不适用日本市场。大家都知道，日本人比较较真，对企业的审核比较严格。

还有一个问题是会计准则。中国企业按照国际会计准则做的报表，到日本上市就必须改成符合日本会计准则的样式。而且，中国人和日本人对管理模式、战略都有不一样的想法。不过，现在东交所等日本交易所也努力用国际会计准则来审计报表，麻烦可能会逐渐减少。

创业板在国际上比较活跃的主要是四个市场：中国香港的创业板、美国的纳斯达克、英国的 AIM 市场、新加坡凯利板。大家熟悉的主要是纳斯达克和香港创业板，我建议有境外上市打算的中小企业，可以花时间去关注一下后两个，说不定对你来说也是很好的机会。而中国内地创业板正式推出以后，如果运行顺利，对你也是一个非常不错的选择。

第二十一章　离财富最后100米：站在深圳创业板门口

．
．
．

2009 年某省的高考作文题目是《站在 ×× 的门口》，如果仿照这个题目作一篇作文，那么，在你按照我的创业思路走到现在，或者说读了以前的章节以后，你已经是站在离财富最后的 100 米，也就是深圳创业板的门口了，具体地点就是深圳市深南东路 5045 号。

和其他所有"Made in China"一样，深圳创业板必然是一个具有中国特色的市场。虽然你已经站在创业板的门口，但要真走完这最后100 米，获得财富和发展动力，那还是需要智慧的。接下来我就讲讲我理解的中国特色以及你需要做的事情。

创业板还有不少外号，一个是"圈钱板"，意思是说可能会出现很多为了圈钱拼命往创业板挤的平庸企业。

第二个是"垃圾板"。这是担心创业板上市公司的质量，2003 年德国创业板关门大吉，就与上市资源的劣质化有很大关系。

第三是"套现板"。这是对于 VC 来说的，一旦 VC 投资的企业上市，他们当然会套现走人。这实际上也是开设创业板的目的之一，就是为创投资金安排一个出口。

第四是"投机板"。有人认为，创业板是投机者的天堂。因为创业板公司的流通盘都很小，股价比较容易被操纵；而且，创业板公司往往没有很硬的业绩来支撑，而是以讲高成长性的故事见长，所以这些公司没有市盈率，只有"市梦率"。

第五是"风险板"。对于创业板市场上的投资者来说，基于前面我们列举的这些外号，风险是不言而喻的。其实，中国香港创业板启动之前，就曾经考虑过叫做"风险板"。

不管如何，以上各种讲法都是对于创业板的理性或者非理性的思考。究竟中国创业板将是一个怎样的结局，只能过几年甚至几十年再回顾和评价。事实上，到目前为止，全世界真正可以说成功的创业板市场只有纳斯达克。

显性和隐性：你要先过两个门槛

根据证监会发布的《首次公开发行股票并在创业板上市管理暂行办法》，深圳创业板首发 IPO 的公司是需要有盈利基础的，这个是很大的中国特色。一般在境外市场上，既然是创业板，很多就没有关于盈利的硬性条件。这个道理很简单，因为创业板上市公司最大的特点应该是高速成长、高风险。到创业板上市，就是拿一个概念或者商业模式融资，实现创业者和投资者的共同梦想。也就是说，纳斯达克谈论得更多的，是你的盈利模式，而不是你去年赚了多少，前年赚了多少。如果完全按照目前创业板的规定，不要说你了，当年上市时的 Google 和百度可能都不合格。总之，在深圳创业板，你首先要谈论的是你过去赚了多少钱，否则你就被无情地挡在门外。目前，关于赢利的要求是这样的：

首先，公司必须最近两年连续盈利，最近两年净利润累计不少于1000 万元，而且持续增长；或者是最近一年盈利，而且净利润不少于500 万元，最近一年营业收入不少于 5000 万元，最近两年营业收入增长率都不低于 30%。

其次，必须是持续经营三年以上的股份有限公司，最近一期末净资产不少于 2000 万元，发行后股本不少于 3000 万元。

其实，从某些方面看，深圳创业板的上市条件并不比深圳中小板低多少。事实上，很多准备上中小板的企业因为不愿排队，也为了增加

201

STRIVE TO GEB

胜算，便转到创业板申请上市，无形中又挤压掉一些空间。

创业板与主板上市条件对比

条件	A 股主板	创业板 IPO 办法
主体资格	依法设立且合法存续的股份有限公司	依法设立且持续经营三年以上的股份有限公司
盈利要求	（1）最近三个会计年度净利润均为正数且累计超过人民币 3000 万元，净利润以扣除非经常性损益前后较低者为计算依据； （2）最近三个会计年度经营活动产生的现金流量净额累计超过人民币 5000 万元；或者最近三个会计年度营业收入累计超过人民币 3 亿元； （3）最近一期不存在未弥补亏损。	最近两年连续盈利，最近两年净利润累计不少于 1000 万元，且持续增长；或者最近一年盈利，且净利润不少于 500 万元，最近一年营业收入不少于 5000 万元，最近两年营业收入增长率均不低于 30%。 （注：净利润以扣除非经常性损益前后孰低者为计算依据。上述要求为选择性标准，符合其中一条即可）
资产要求	最近一期末无形资产（扣除土地使用权、水面养殖权和采矿权等后）占净资产的比例不高于 20%。	最近一期末净资产不少于 2000 万元。
股本要求	发行前股本总额不少于人民币 3000 万元。	企业发行后的股本总额不少于 3000 万元。
主营业务要求	最近三年内主营业务没有发生重大变化。	发行人应当主营业务突出。同时，要求募集资金只能用于发展主营业务。
董事及管理层	最近三年内没有发生重大变化。	最近两年内未发生重大变化。
实际控制人	最近三年内实际控制人未发生变更。	最近两年内实际控制人未发生变更。

（续表）

条件	A股主板	创业板IPO办法
同业竞争	发行人的业务与控股股东、实际控制人及其控制的其他企业间不得有同业竞争。	发行人与控股股东、实际控制人及其控制的其他企业间不存在同业竞争。
发审委	设主板发行审核委员会，25人。	设创业板发行审核委员会，加大行业专家委员的比例，委员与主板发审委委员不互相兼任。
初审征求意见	征求省级人民政府、国家发改委意见。	无。

由此，就我的眼光看，一旦深圳创业板能够成功，盈利要求是可能被改变的指标。如果你对这些指标望而却步，那就选择把敲钟目标定到其他地方吧。

而且，请注意，前面说的财务指标这两条只是财务门槛，属于显性的门槛，即使你过关，也只是通过了第一道筛选。很多人光拿显性的门槛说事，其实并没有太大的意义。

难过的是隐性门槛

到目前为止，到底有多少家企业符合最低门槛，也就是财务门槛？公布的数字五花八门。比较主流的看法是少则几千家，多则上万家。但是，VC也好，专家、券商也好，一般都认为创业板一年最多不会放行超过一百家上市公司。一是由于秉持谨慎、稳健的态度，边看边推；二是第一届创业板发审委30多个人，审材料都审不过来。要上创业板的企业往往商业模式比较奇特，跟主板大不一样，发审委、监管机构、券商和企业之间需要用大量时间去沟通，要解释这种商业模式的风险、成长以及募集资金为什么这样投。

7月底，受理发行人首次公开发行股票并在创业板上市的申请。据说，首批申请的企业就达到上百家。

那么，首批申请的这些企业都是何方神圣呢？我们前面分析过最低门槛，其实，首批上报的企业规模将大大超过这一门槛。

一些券商朋友透露，他们要申报到创业板的企业规模都很大，基本上一年两三千万利润不成问题。没有这种规模，券商是不会立项的，为什么？因为券商自己也要评估你上市的可能性啊。

所以，虽然证监会有最低门槛规定，但是，首批上市的门槛其实比最低门槛至少抬高一倍。而且，想打"擦边球"的传统行业企业将被严格剔除在首批之外。

而且，要上深圳创业板，还有隐性的门槛，这个也是中国特色。现在提出的东西叫做"两高六新"，也就是成长性高、科技含量高，以及新经济、新服务、新农业、新材料、新能源和新商业模式。符合"显性＋隐性"门槛的企业才是创业板的首选。券商首批推荐的企业，基本上不会超出新能源、新材料、生物医药、电子信息、环保节能、现代服务这些领域，因为这些领域正是监管层优先关注的，胜算比较大。

也就是说，这道隐性门槛即是证监会的审批制，它不同于境外很多创业板的注册制。中国的资本市场名额短缺，只能上这么多个，符合条件的企业有一百万个也没用，只能挑前几名，只能优中选优，跟选美一样。

所以，创业板的最低门槛很低，但很少有人能擦着最低门槛上市，实际上市的公司，其业绩水平都会远远高于最低要求。这就是理想和现实之间的距离。

创业板企业的幕后推手

且慢，中国特色还不止于此。最早提出开创业板的目的是什么？是为高新技术服务。而推动创业板的力量在哪里呢？来源于我们这些做政府创投的，当然也来源于其他 VC 的退出要求，来源于各地的地方政府。这么多年来，全国各地的地方政府，包括地方的一些上市公司，都投资设立了规模不等的政府引导的创业基金，这些资金现在沉淀在全国各个开发区的中小科技企业中。全国地方政府主管的科技园区的企业，起码在开始的几年中将是政府优先给予融资优惠的。

其实，稍微看看以下新闻，广州开发区 17 家企业瞄准创业板，内蒙古把"羊、煤、土、气"赶向创业板，六渝企进入上市辅导期，你就知道谁将是创业板的主宰了。数据显示，目前，全国共有 56 个国家高新区，有超过 5 万家高科技企业。其中规模较大的高新区有 40 多家，中关村、张江高科、深圳高新区、西安高新区、成都高新区等都是发展较好的园区。因此，如果你的企业和这些园区相关，你就可能得到更多的政府力量支持。

有时我们也需要抬头看看国际气候，比如过去两年，中国的太阳能光伏企业是国际资本市场的宠儿，在华尔街、伦敦和香港市场都炙手可热，无数的 PE、VC 竞折腰，创造了众多的暴富神话。然而自从 2008 年 9 月以来，金融危机愈演愈烈，赛维 LDK 股价暴跌 85.5%，尚德股价暴跌 72.3%，其余光伏企业也暴跌 60%—90% 不等。

中介机构：你成功敲锣的保姆

不过，你也不必焦急，毕竟饭也是需要一口一口吃的，火车不是推的，敲钟敲锣不是那么简单的，而是时间和力量的统一。在上市之前，你首先要走上市辅导期、股权改造、券商接洽等三个基本阶段，一般情况下，保荐机构督导期都要三年，加上前面的辅导期，一般都在四年左右。也就是说，你从创业赢利开始，直到走到深圳敲锣，正常来说，应该需要四年时间。

一个好汉三个帮。要成功上市，还需要中介机构的帮助，而且这些"帮手"都是吃葡萄不吐葡萄皮的家伙。我前面说过，企业上市前，需要经过上市辅导期、股权改造、券商接洽三个基本阶段。在深圳创业板上市，当然不必请高盛、大摩这样的国际大投行，但即使请国内的中介机构，包括律师、审计、会计、券商保荐机构等，整个费用也可能需要 1000 万人民币，如果请国际大投行，可能就是 1000 万美元了。

有些创业公司可能觉得花这个钱太不可思议了，毕竟作为创业公司，按照目前创业板的最低门槛，一年的利润可能都没有这么多。但没有办法，上市前你就是不得不被这些中介结构扒掉一层皮。不过，好的中介公司也是讲良心和回报的，比如他们会告诉你，在股份制改造过程中如何让你获得最大的利益，比如在上市最后一轮融资中如何吸引好的战略投资者，让你既快又好地拿到更多钱。

拿百度在美国纳斯达克上市来说，百度在最后几轮融资中，引入Google 作为股东，这样美国人一看就完全理解，百度要做的就是中国的 Google。百度上市的承销商是高盛和瑞士信贷第一波士顿，在他们的策划下，百度 IPO 的发行数量只有 404 万股，占其总股本的比重仅12%。如此小的发行规模当然会产生稀缺效应，让投资者形成"供不应求"的感觉，从而认同百度的高股价，百度上市当天股价从发行价 27美元暴涨到 120 美元以上，这就是中介发行商的力量。而且，无巧不成书，在百度演绎完直升风暴而出现下拐时，有着网络女皇之称的摩根士丹利明星分析师 Mary Meeker 发布了一份有关中国互联网的报告，称中国互联网潜力惊人，就这样一句话，百度股价在三天内暴涨了 30%。

百度的例子体现了所谓的定价能力。在创业板上市，你就要准备花钱找一家强大的券商做保荐。虽然或许第一次融资只能拿到数千万的资金，其中还要支付中介机构上千万，但如果你的经营模式真的非常好，在随后的再融资中，你完全可能从一家名不见经传的创业公司成为未来的微软、未来的百度。

我们前面说到一些创业板的"中国特色"，而解决上述问题的办法也是中国特色，比如券商通道、地方政府指标等。可以断定的是，起码在最初的时间内，如果这个创业板融资相对成功，那就一定有挤破天去上市的情况发生，那只有券商通道多而好的中介机构才能帮助你早日敲钟。另外，监管机构也一定会照顾到地方政府平衡的力量，或许你注册在边远地区反而可能早日成功上市。而这些都需要中介机构来帮你完成。因此，找一个好的中介机构，付出那笔大钱还是很值得的。

另外我想说的是，很多人对中介机构的认识中，缺少一个角色，即财经公关公司。其实这个也可以包含在中国特色之中，或者说是中国特色的解决方案。公关公司是与媒体打交道的公司，我说要请一家公关公司，并不是说一个创业者在上市过程中需要通过不正当手段和媒体打交道，而是说你必须面对媒体。如果你的公司启动了上市程序，尤其是从发布上市公告书到深圳敲钟之前的时间内，你将面对媒体的放大镜，任何的瑕疵都可能从一个黑点变成一团漆黑。轻则可能引起监管部门的进一步质询，重则就会导致上市失败。

创业板不是唯一选择

在全球范围内，放眼望去，除了美国的纳斯达克市场以外，几乎没有什么成功的创业板市场了。当然，所有失败的市场都有一个共同的原因就是上市资源缺乏，纳斯达克市场成功的根本原因也是全球化的上市资源和严格的监管。

深圳创业板是否能成功，我当然是有信心的，不过，最近，我看到有一家比较一般的软件公司，条件刚符合创业板最低的财务门槛，就有三四家券商去抢，觉得不可思议。我觉得券商也好，企业也好，不要拿着基本的标杆衡量能不能上市，这是很不靠谱的，这点我们讨论门槛的时候讲过了。尤其是在创业板成立的相当一段时间内，监管机构也要考虑上市公司比较稳健，成长性好，不出问题。在这段时间内，虽然很多企业都符合上市条件，但我担心找不到很多从监管机构到地方政府都放心的公司资源，更找不到能够每年高速成长的企业。为什么？说实话，真正好的企业，这几年都吸收了境外的创投融资，已经到美国上市了。连开火锅店的、做旅馆的都已经到境外上市了，还有什么"漏网之鱼"呢？

对于一个创业者来说，前面分析了，中国的资本市场，上市名额紧缺，达到上市条件并不是上市的充分条件，僧多粥少，千军万马都要过这个独木桥。中国几千万家中小企业，真正能上市的百万分之一都不到，绝大部分企业不可能，也登不上创业板。

而且，能上创业板的企业很可能是接受过风险投资的企业。也就是说，"不差钱"的企业可以上资本市场，最缺钱的恰恰上不了市。

所以，大家别指望创业板对尚处于中早期的创业企业有太多直接帮助，因为能在创业板上市的企业，在国内来说已经是相对比较大的企业。投资人为了赚钱，相当长的一段时间内，是没有兴趣关注早期项目的。而且原来没有出口的资本，或许会投一些早期项目，但现在资金有出口了，早期企业的资金真空期估计也就要形成了。

而且，我们还要看到一点，投资人是资本市场的职业玩家，从总体比例上来说，能入投资人"法眼"的企业很少。我认为，我们国家的经济要依赖中小企业发展，目前最重要的是解决产业资本的循环投入，不要让企业家赚了钱以后，都去干投资移民、炒房团、证券基金之类的活。当然，要实现这个目标，路漫漫其修远兮。

作为一个风险投资者，我想告诉创业者的是，到深圳、到美国敲钟应该是你做企业的理想目标，但不是唯一目标，也不是唯一选择。有时候，你把企业如猪一样卖了，可能比自己跋山涉水挤上市好得多。看看朱新礼吧，虽然没有成功，但他的想法是把汇源卖给可口可乐，而不是独立上市。再看看框架媒介吧，在上市的最后时刻卖给了分众传媒，而现在分众又被新浪整合。

　　我还要告诫创业者们，企业家的本分还是把企业做好，而不是考虑投机的因素。企业的本质是要成长、要发展，不然就没有价值了。对一个创业者来说，创业板不是唯一的终点，但一个创业者不要简单地理解实业，实业也是必须和资本市场、金融结合在一起的。不管上不上市，你都是成功者。

第二十二章　成为财富赌场赢家的三大定律

．
．
．
．

　　以上各章节都是写给创业者的，最后我想也给深圳创业板的投资者作点分析。一方面，创业者应该经常关注创业板二级市场投资者的反应；另一方面，创业板二级市场或许也是大家成为赢家的机会。

　　当然，首先我要声明的是，作为一个VC，我不是一个二级市场投资者。而由于中国证券市场长期以来的不成熟，把深圳创业板定位成一个财富赌场，相信大多数人不会反对。正如我在本书里不会推荐某一个具体项目一样，这一章也并不告诉你买哪只股票能发财。

　　对于这样一个高风险市场，我想用一个风险投资者的眼光，告诉你如何从风险管理的角度，在这样一个赌场中抓住机会，或许你能够抓住一个未来的微软呢。回顾历史，微软1986年上市时，股价仅为15美分，到1999年，股价超过了100美元，1美元等于100美分，你可以计算一下，这是多少倍的投资回报，而这就是创业板的魅力啊。

　　高回报永远伴随着高风险，因此，我宁可将创业板的投资者叫做投机者。希望投资者在踏入创业板之前，多默念几次："创业板风险大大，入市要谨慎。"不过，从纯粹赚钱的角度看，按照中国证券市场历来逢新必炒的习惯，创业板作为一个可能取得高额回报的机会，也还是有其投资价值的。而且，未熟阶段的公司，或许真的是比较值得投资也值得投机的公司呢。

投资者的准入

根据中国证监会的规定，并非所有投资者都可以直接投资创业板。如果你想炒创业板的股票，必须具备三个条件：

1. 具有 2 年以上（含 2 年）股票交易经验的自然人投资者可以申请开通创业板市场交易。

2. 对尚未具备 2 年交易经验的自然人投资者，在签署《创业板市场投资风险揭示书》时，应当就自愿承担市场风险抄录"特别声明"。

3. 会员应当在营业场所现场与客户书面签署《创业板市场投资风险揭示书》，该揭示书一式两份，由会员经办人员见证客户签署并核对相关内容后再予以签字确认。

换成大白话就是，如果你已经炒了两年以上股票，直接到你交易的营业部开通就可以了；如果你没达到这个时间要求，就要到营业部自己抄一个风险揭示书，意思是你明知山有虎，偏向虎山行，并且愿意风险自负，输光光了也不怨天尤人。

成为赢家的三大定律

从一个风险管理者的角度来看，我认为，如果你掌握三大法宝，就有望成为深圳创业板的炒股赢家。而在投资创业板之前，我要先告诉大家，其实在主板市场上，具有创投概念的上市公司应该是你首先需要关注的对象，只要他们所投资的公司有上创业板的可能，这些公司的股价肯定会被炒作。当然，肯定有很多人说这个创投概念早就是被炒烂了的，不过，创业板开门之后的创投和以前相比，是实打实的概念，因为只要某主板上市公司投资的企业能够在创业板成功上市，那么这些创投资金就可能获得几倍甚至几百倍的收益。

下表是相关创投公司的情况介绍：

深圳创投	主要投资对象为科技型的高成长性创业企业，包括生物工程、IT、软件等。大众公用(600635)、深圳机场(000089)、粤电力(000539)、盐田港(000088)分别出资出资3.07亿元、3.2亿元、5000万元、5000万元各持有深圳市创新投资集团20%、20%、3.13%、3.13%的股权(深圳机场所持股权已置换给母公司)。
清华紫光创投	紫光股份(000938)、常山股份(000158)、天茂集团(000627)、中海海盛(600896)、燕京啤酒(000729)、世纪中天(000540)、凌钢股份(600123)、首钢股份(000959)等11家上市公司参股清华紫光创业投资公司。紫光股份占股16%，其余11家平均占8%左右。
浙江天堂硅谷	浙江天堂硅谷是浙江省投资控股、多家上市公司联合组建的一家专门从事高新技术产业创业投资的全新投资机构，注册资本1.618亿元。创投主要方向为生物、信息、新材料、环保工业等项目。其中，钱江水利(600283)控股该公司87.24%的股份、天通股份(600330)、钱江生化(600796)等均有参股。
上海联创	上海联创投资管理有限公司是上海知名的创业投资公司，风险资金投资领域包括IT、生物制药、电子等等。其涉及的上市公司有康缘药业(600557)、联环药业(600513)。
清华创投	主要从事珠海清华科技园的建设和经营、风险投资和高新技术企业孵化，在珠海已建立起了高新技术企业孵化基地，参股拓邦电子(002139)13%的股权。涉及的上市公司包括力合股份(000523)，持有57.15%的股权、华银电力(600744)持有5%的股权。

（续表）

宁波杉杉创投	参股公司：杉杉股份 (600884)。
弘瑞科技创业	该公司是江苏省第一家投向生物医药领域创投公司（基金），弘业股 (600128) 目前持有其 36% 股份，南纺股份 (600250)、东北高速 (600003) 也有参股。
交大科技园慧谷孵化基地	龙头股份 (600630) 投资 3000 万元参股。
武汉华工创业	武钢股份 (600005) 持有 16.68% 股权，收购价格 1000 万元，另华工科技 (000988)、长源电力 (000966) 有参股。
国信创业投资	北京城建 (600266) 出资 4000 万元，持股 20%。
北大招商创业投资	北京城建 (600266) 出资 6060 万元，持股 20%；唐钢股份 (000709) 出资 6000 万元，占约 20% 的股权。
辽宁东方信息产业创业投资	其重点投向具有高速发展潜力的以软件和数字技术为核心的信息产业，偏重于前期投资。东软股份 (600718) 出资 7000 万元持有 70% 股份。
北京清华科技创业投资	水井坊 (600799) 出资 1000 万元参股 5% 股份，子公司深圳清华源兴生物股份公司，间接持有深圳赛百诺公司 18% 股权，后者拥有自主知识产权的世界上首个基因治疗药物。
天骄科技创业投资	丝绸股份 (000401) 出资 1 亿元参股，占有 33.33% 的股权。
成都新兴创业投资	其投资的成都卫士通信息产业是国内信息安全龙头，正在上市辅导期。东阿阿胶 (000423) 出资 1000 万元。
上海亚创投资发展	东阿阿胶 (000423) 投资 6081 万元，参股 20%。
达晨创投	达晨创投投资同洲电子 (002052) 5 年增值 30 倍。电广传媒 (000917) 控股子公司深圳荣涵持有达晨创投 75% 的股权。
其他含创投概念的上市公司有深圳华强 (000069)、赛迪传媒 (000504)、特变电工 (600089) 等。	

下面，我们正式开讲，在这个财富赌场中，你应该遵循以下三大定律。其实，这三大定律也是我们VC经常提醒自己的。

一、**投机定律**：这是创业板第一定律。创业板不同于主板市场的特点是，上市公司股票的盘子都很小，效益也不好，未来不确定，可能高速扩张也可能很快倒闭。这样的公司特点加上中国证券市场的特点，监管机构会以各种方式进行指导，这个市场在很大程度上可能投机色彩较浓，风险较大。在创业板操作中，时刻铭记你是搞投机，只有少数公司是值得长期投资的。投机就是不断筛选股票的过程，并且在这个过程中得到收益。

二、**分散定律**：我把这个叫做创业板第二定律。事实上，我认为这条定律跟VC的投资是一样的，VC不可能保证从自己投资的每个项目都能成功退出，所以，我们的对策就是在投资前做好尽职调查，尽量投资自己熟悉的行业，投资有好商业模式的企业，尽量做到分散投资。这几年来，VC的投资主要集中在互联网技术和相关应用领域、生物医药、太阳能等新能源行业。

作为创业板的投资者，你也应该和VC一样，做好自己的风险投资。首先是投资最好的行业，然后投资这个行业中最好的公司，这样，假设创业板能够成功，你的分散投资中总有一个能够让你赚个盘满钵满。

三、**长期定律**：这似乎和投机定律自相矛盾，其实不然。第一定律是为第三定律服务的。如前面所说，如果你在15美分翻10倍的时候套现微软，那么你在微软股价最高点回头看，一定觉得自己是个失败者。我相信，在深圳创业板上，是可能出现若干个微软、思科的，即使它们在规模上未必能做到这样的统治级水平。

因此，对于真正有全球眼光、有全球垄断商业模式的企业，你必须坚持长期投资的定律，只有这样，你才能真正享受到创业板的乐趣。

那么，怎样网罗这些值得长期投资的公司呢？其实也很简单，甚至不需要什么选股秘笈，只要学习一下美国人的投资方式。当初百度进入纳斯达克的时候，美国人最朴素的想法就是：中国的 Google 来了。因此，在初期阶段，你只要看哪个公司有成为中国的微软、中国的思科、中国的 Twitter、中国的 Facebook 的潜力就可以了。很多创业者在做"中国的某某"，投资者可以选出其中最靠谱、最有可能为你赚大钱的。

第四部分

附 录

所有创业者不可不读的资料

附录一　绿谷鸟巢商业计划书

．
．
．
．

　　在第十三章中，我们讲过，要敲开 VC 的大门，要先倒腾出一份好的商业计划书作为"敲门砖"，而且已经讲了写好商业计划书的几个要点。在这里，我们提供一个不错的典范，就是下面的绿谷鸟巢商业计划书。这是第六届"挑战杯"中国大学生创业计划大赛（2008 年）金奖作品，我已经担任过几届"挑战杯"的评委，当时也为"绿谷鸟巢"的参赛者浙江丽水学院提出一些建议。

　　这份商业计划书接近 100 页，共 5 万多字，囿于篇幅，这里不可能刊登全文。我节选了目录和执行总结部分，大家可以从目录看到一般商业计划书所涉及的内容，执行总结则可作为概要参考。这份商业计划书的全文可以从我的博客上看到，网址是 http://blog.163.com/vc_aiguo，欢迎大家阅读后以留言等方式参与讨论。

目　录

第一章　执行总结

1.1　公司概况

　　绿谷鸟巢现代农业科技有限公司是一家致力于生产安全、营养、洁净的优质雾培蔬菜为主的现代农业企业。公司通过综合运用立柱式气雾栽培系统、植物生长计算机控制系统、鱼菜共生技术等多项先进农业生产技术，设计出一种全新的农业生产模式——鸟巢式生态农业生产系统。该系统通过农副产品生产立体化、智能化、产业化，摆脱以往农业生产方式对土地、能源、气候的高度依赖，实现安全、循环、可持续、节能环保的目标。

1.2　背景与意义

　　——2008年9月，奶制品含三聚氰胺事件爆发，再现我国食品安全体系的脆弱。据国家食品药品监督局的调查显示，现有消费者对食品安全的放心率低于35%，大多数消费者对现有食品安全状况存有担心。

　　——随着我国工业化和城市化进程的加快，土地资源越来越紧缺，农业生产面临前所未有的挑战。据国土资源部调查报告显示，2007年我国耕地面积已下降到18.26亿亩，离18亿亩的红色警戒线近在咫尺。

　　——"靠天养人"的传统农业生产方式，抵御自然灾害能力低下。2008年初突如其来的特大冰雪灾害给受灾地区的蔬菜大棚、食用菌棚以毁灭性破坏，农作物受灾面积达到1.78亿亩，直接经济损失达1516.5亿元。

——居民生活水平的提高和消费观念的转变，使无污染、安全、优质营养的绿色有机农副产品越来越受到人们的青睐，但受技术和生产成本等因素限制，目前国内有机农副产品生产远未能满足居民日益增长的需求。

公司的鸟巢式生态农业生产系统，生产过程中不使用化学合成农药，产品安全可靠。只需传统生产方法的 1/6 土地面积即可生产出相同数量的优质蔬菜，大大提高了土地利用率，增强了农业生产的抗御自然灾害能力，实现了生产高品质、安全、洁净农副产品的目标。

1.3　技术与产品

公司创业团队经过潜心研究和不断实践，科学整合丽水学院现代农业科技研究中心等研究机构研发的立体农业、气雾栽培、农业智能化控制、物理农业、循环农业等多项现代农业技术，成功开发出鸟巢式生态农业生产系统。

经技术查新，利用鸟巢蜂窝结构建设半球型生态温室进行农副产品的立体气雾栽培在国内还是首创；智能化叶片、植物生长计算机控制系统等多项技术在国内处于领先水平，几项关键技术正在申请国家专利；多年来探索出的各种蔬菜的最佳生长周期、生长环境、鱼菜共生系统的构建等隐性知识将以技术秘密的形式加以保护，保证公司在技术和模式上的领先。同时，公司设立研发中心，不断进行新产品开发和技术的创新。

公司发展初期提供以小白菜、菠菜、水芹菜、荠菜、油麦菜等叶用蔬菜为主，黄瓜、草莓、西红柿等瓜果类产品及田鲤鱼等水产品为辅的优质农副产品。公司的雾培蔬菜产品拥有四大优势：

1. 安全度高

公司产品生产利用建立仿生态环境，基本实现能量与物质的平衡，不使用化学合成农药。

2．洁净度高

气雾栽培通过雾化液体喷洒实现养分供给，使产品洁净度高。

3．营养高

气生根良好的代谢活性，帮助作物吸收更多的养分和矿物质，仅作物维生素含量和活性酶含量比普通蔬菜高出三倍以上，同时具有更长的保鲜时间。

4．生产成本低

公司的立体栽培提高土地利用率，用计算机控制技术缩短蔬菜生长周期，就近及时供应降低物流成本，与用其他方法种植的优质蔬菜相比有较大的成本优势。

1.4　市场分析

蔬菜是我国居民日常必需消费食品，据北京农业信息网调查分析，2007 年我国居民蔬菜消费总量为 2.7 亿吨，到 2020 年我国的蔬菜消费总量会达到 4 亿吨。

随着我国居民对生命健康和生活品质的关注度的提高，高品质、高安全性、高营养含量的优质蔬菜获得越来越多的消费者青睐，市场需求正在以每年 20% 的速度增长。据麦肯锡全球研究院（MG）最新研究表明，2011 年左右，中国中等收入以上人群将达到 2.9 亿，这些人群的优质蔬菜年人均消费量将达到 115 公斤，优质蔬菜市场需求会达到 3335 万吨，产值将超过 1006.2 亿元。

2007 年长三角地区蔬菜年销售量达 5770 万吨，优质蔬菜销量达到 100 多万吨。仅上海最大的精品蔬菜批发市场，日成交精品蔬菜达 1000 多吨，成交额达 219.3 万元。但由于长三角地区蔬菜生产能力有限，蔬菜自产量严重不足，其需求总量的 85% 以上是从山东、河南、福建、海南等外埠进入的，外埠蔬菜在长三角地区具有极大的市场。

1.5 商业模式

目前有机等优质农副产品只能在特定区域生产，低温冷藏长途运输供应目标市场。公司根据自身的技术、产品特点及资源情况对传统商业模式进行了创新。

1．重点区域——快速复制生产基地自产雾培蔬菜

公司的生产模式，土地利用率高，对基地周围环境要求低，可在各大中城市近郊快速复制生产基地，产品无须低温保鲜运输就可对目标客户实现就近及时化供应。因此在长三角等地区的重点城市，公司自建生产基地，通过大型超市、中高档餐饮机构、净菜专卖店等渠道向消费者提供产品。

2．非重点区域——加盟连锁经营

对于非重点发展区域，采用加盟方式，公司提供生产系统和品牌，让当地的农户或企业投资基地建设，共同拓展市场。

3．特定区域——与优势企业战略联盟

针对港澳及周边地区的市场，公司在发展到一定阶段后，将与在目标市场具有销售渠道、社会关系及资金等方面优势的企业结盟，共同投资生产，拓展海外市场。

1.6 营销策略

公司发展初期，以长三角地区为市场切入点，利用公司产品优质且生产成本低的优势，以差异化定价策略，通过各生产基地所在城市的中高档餐饮机构、大型超市及净菜专卖店等渠道进入市场。在达到较大生产规模后再增加精品蔬菜批发市场和雾培蔬菜专卖店作为销售渠道，在全国大中城市推广产品。

在产品进入市场过程中将采用组织目标客户免费参观生产基地为主导的体验式营销方式作为市场渗透手段，同时结合销售终端产品促销、媒体广告宣传等方法，让顾客深刻体会到绿谷鸟巢现代农业科技带来的农副产品生产革命。

1.7 投资与财务

公司目前在丽水有三个用于中试的鸟巢式生态农业生产系统，产品开始供应丽水、温州、金华地区部分客户，受到客户的好评。公司准备在立足金丽温市场的基础上，将市场拓展到上海、杭州、宁波等地，并逐步在全国大中城市设立生产基地，建立完善的生产和营销网络。

根据发展规划，公司首期需资金 600 万元，创业团队成员及家庭自筹 300 万元，准备引入天使投资 300 万元，同时积极争取政府的创新基金和贴息贷款，主要用于丽水基地生产规模的扩大及浙江省内市场的开拓。

第三年，公司将在杭州、宁波等地扩建生产基地，并在上海、江苏等长三角地区重要城市新建生产基地，资金有较大缺口，公司将以资产溢价形式通过出让公司的 20% 左右股权吸引风险投资 1500 万元，以后将根据具体经营和发展情况进行多次融资。

公司在第二年即可实现盈利，三年后利润大幅增长，内部收益率可达 33.17%，投资回收期为 3.87 年。由于公司能快速成长，且所处行业是国家重点扶持行业，公司有较大可能性在第 5—6 年在国内中小板或创业板进行 IPO 上市，如能成功上市，根据目前资本市场情况，天使投资和二期风险投资分别可获得 51 倍和 8 倍以上的投资回报。

1.8 团队与管理

公司创业团队成员主要来自丽水学院，核心成员参与了公司核心技术的研发和初期推广，对核心技术掌握到位。团队对多项技术进行科学整合，经过刻苦钻研、反复试验，创造性地开发出鸟巢式生态农业生产系统，并大胆地设计出新颖独特、可操作性强的商业模式。团队成员分别具有工商管理、市场营销、农业、生物、化学、财务管理等专业背景，知识结构合理，具有强烈的创新意识和团队精神，能够快速有效地投入到项目运行中。为弥补管理经验上的不足，公司将以优厚的薪酬及股票期权制度吸引优秀人才加盟我们的团队。

作为一个拟进行快速扩张的企业，公司在成立初期就十分重视人才储备，尤其是在技术、生产关键流程控制方面的人员培养。在研发上，公司同原始技术开发单位丽水学院等保持密切合作，充分利用学校的科研力量及实验设备，力求以最小投资获得最大收益。同时，公司将在品牌建设、企业文化培育上进行管理创新，以求将公司打造成国内一流的现代农业科技企业。

附录二　中国创业板大事记

．
．
．
．

1998 年 3 月

在 1998 年的九届政协一次会议上，时任全国政协副主席的成思危代表民建中央提出《关于借鉴国外经验，尽快发展我国风险投资事业的提案》。此提案即当年政协会议的"一号提案"。

1998 年 12 月

国家计划发展委员会向国务院提出"尽早研究设立创业板块股票市场问题"，国务院要求中国证监会提出研究意见。

1999 年 1 月 15 日

深交所向中国证监会正式呈送了《深圳证券交易所关于进行成长板市场的方案研究的立项报告》，并附送了实施方案。

1999 年 3 月 2 日

中国证监会第一次明确提出可以考虑在沪深证券交易所内设立高科技企业板块。

1999 年 8 月 20 日

中共中央、国务院出台《关于加强技术创新，发展高科技，实现产业化的决定》，声明要培育有利于高新技术产业发展的资本市场，逐步建立风险投资机制，适当时候在现有的上海、深圳证券交易所专门设立高新技术企业板块。

2000 年 4 月

中国证监会向国务院报送了《关于支持高新技术企业发展设立二板市场有关问题的请示》，就二板市场的设立方案、发行上市条件、上市对象、股票流通以及风险控制措施等问题提出了意见。

2000 年 5 月

国务院讨论中国证监会关于设立二板的请示，原则同意中国证监会意见，将二板市场定名为创业板市场。

2000 年 9 月

中联重科（0157）成为在深交所主板上网发行的最后一只股票，从此，深交所正式停止了在主板市场的新股发行。

深圳证券交易所设立创业板市场发展战略委员会、国际专家委员会两个专门委员会和发行上市部等八个职能部门，标志着创业板市场的组织体系基本建立。

2000 年 10 月

深交所首次正式发布《创业板市场规则咨询文件》，面向社会各界广泛征求意见和建议。

随后，深交所向各会员单位发出《关于创业板系统全网测试的通知》并组织全部会员单位顺利完成了创业板技术系统全网测试。

2001 年 11 月

朱镕基总理表示，吸取香港与世界其他市场的经验，把主板市场整顿好后，才推出创业板市场。在证券市场未整顿好之前，如果贸然推出创业板市场，担心会重复出现主板市场的错误和弱点。

全国人大常委会副委员长成思危在香港出席新经济与中国 21 世纪的发展研讨会时表示，内地创业板短期内不会推出。他说，应先整顿主板市场、建立风险投资基金，再推出创业板。

深圳证券交易所在给中国证监会《关于当前推进创业板市场建设的思考与建议》的报告中，建议采取分步实施的方式推进创业板建设。

2003 年 3 月

全国人大代表、广东省副省长宋海领衔向十届全国人大一次会议大会提交了《关于尽快推出创业板市场的议案》，提出了两点建议：一，国家抓紧出台创业板市场 相关法规，尽快推出创业板；二，采取分步实施方式，推进创业板市场建设。在不改变现有证券市场法规、上市标准、发行审核程序和市场规则的前提下，将具有成长性及科技含量的中小企业流通股集中到深交所发行上市，作为深圳现有市场的一个板块单独监控、独立运作。

2003 年 10 月

党的十六届三中全会通过《中共中央关于完善社会主义市场经济体制若干问题的决定》，明确提出："建立多层次资本市场体系，完善资本市场结构，丰富资本市场产品。规范和发展主板市场，推进风险投资和创业板市场建设。"

2004 年 2 月

国务院颁布《关于推进资本市场改革开放和稳定发展的若干意见》。《意见》提出，分步推进创业板市场建设，完善风险投资机制，拓展中小企业融资渠道。

233

STRIVE TO GEB

随后，深交所进行配售新股测试，市场意见普遍认为，深交所新股发行进入实质性技术准备阶段。

2004 年 5 月

中国证监会同意深交所设立中小企业板块。

2004 年 6 月

新和成（002001）率先登陆"中小企业板块"IPO，6 月 25 日正式挂牌上市，这标志着"中小企业板块"正式启动。

2006 年 12 月

时任证监会主席尚福林称资本市场面临转折性变化，将适时推出创业板。

2007 年 6 月

深圳创业投资协会副会长王守仁透露，创业板市场已经进入实质性筹设阶段，建立的总体思路已经确定，筹设方案意见稿也已草拟完成，正在业内广泛征求意见。

2007 年 8 月

《创业板发行上市管理办法》（草案）获国务院批准。《创业板发行上市管理办法》（草案）获国务院批准，这标志着经过 8 年"持久战"的创业板有望尽快登陆深圳证券交易所。

2009 年 3 月 31 日

中国证监会终于发布了《首次公开发行股票并在创业板上市管理暂行办法》（该办法将于 2009 年 5 月 1 日开始实施）。

2009 年 6 月 5 日

深圳交易所正式公布了《深圳证券交易所创业板股票上市规则》，并将于 2009 年 7 月 1 日起施行。

上市规则是《首次公开发行股票并在创业板上市管理暂行办法》的重要配套规则，对创业板市场信息披露、股份限售、保荐机构责任、退市制度等进行了有针对性的制度设计。与主板市场相比，创业板实施更加市场化、更严格的退市制度，以引导投资者强化风险意识，树立审慎的投资理念。

2009 年 6 月 30 日

中国证监会发布《创业板市场投资者适当性管理暂行规定》，并将于 7 月 15 日实施。

2009 年 7 月 2 日

中国证监会创业板发审办公室正式成立，以负责审核在创业板发行股票公司的申报材料并监管其发行上市活动。

2009 年 7 月 15 日

《创业板市场投资者适当性管理暂行规定》正式实施，投资者可到证券公司营业部办理开通创业板投资交易的手续。

根据规定，自然人投资者需具备具有两年以上（含两年）交易经验，并与证券公司应当在营业场所现场书面签署《创业板市场投资风险揭示书》。风险揭示书签署两个交易日后，经证券公司完成相关核查程序，可为投资者开通创业板市场交易。

未达到两年交易经验要求的自然人投资者也可参与创业板交易，只是程序稍微复杂。除上述程序外，投资者还须就自愿承担市场相关风

险抄录一段特别声明，而且要证券公司营业部负责人签字确认。另外，
开通交易的时间也由两个交易日延长到五个交易日。

2009 年 7 月 17 日

证监会公布了 77 位创业板发审委委员候选人名单。

2009 年 7 月 26 日

证监会开始接收有意向的公司申报的创业板上市材料。

2009 年 8 月 14 日

证监会第一届创业板发行审核委员会（简称"创业板发审委"）成立，
由 35 名委员组成。

后 记

．
．
．
．
．

本书的写成，经历了一个痛苦、傍徨而又愉悦、充实的过程。首先，感谢人民出版社的社长、副社长以及其他领导，他们具有卓越的眼光和审时度势的智慧，使本书得以出版。人民出版社的马长虹博士则以丰富的出版经验和业务知识，在本书成稿、后期制作等过程中做了扎实而极具创意的工作。感谢子洋财经工作室的覃子洋女士，她作为我的出版经纪人，代我与出版社做了很多沟通、协调工作，并在创作过程中提供了巨大的帮助。没有上述优秀的出版人，可能就没有本书的面世。

我作为长期在第一线的创业投资从业者和中国火炬创业导师，曾经有幸接触过很多创业者。在本书的整理、创作过程中，我再次从他们身上发掘、学习了很多，获益匪浅，感触良深，尤其是与格锐数码的陈刚和发网的李平义分享创业过程中的宝贵经验和深刻感悟，才使书中的创业实战系列得以成文。我真诚地感谢他们。

感谢我的老朋友、《每日经济新闻》金融部主任凌建平，他在本书的策划、内容上提供了许多创意支持，并以一个专业媒体人的角度为本书做了审校工作。

感谢浙江丽水学院的黄志民老师和蓝傅瑜老师，他们为本书提供了《绿色鸟巢商业计划书》（见附录一），绝大多数的创业者需要写一份商业计划书，而这是难得的好模版。

另外，科技部火炬高技术产业开发中心主任梁桂先生、深圳创新投资集团总裁李万寿先生、清科集团创始人兼CEO倪正东先生、《科技创业》杂志主编范伟军先生在披览了本书草稿之后，给予了深切勉励并热心地作了推荐，我感激之余也深感荣幸。

在我创作的过程中，我的妻子和儿子是重要的支持者和精神源泉。我永远感谢他们。

最后，欢迎读者对本书进行指正、讨论。创业者也可以浏览我的创业博客，地址是 http://blog.163.com/vc_aiguo，参与我们的创业讨论和项目交流。

责任编辑:马长虹
装帧设计:曹　春

图书在版编目(CIP)数据

直击创业板/陈爱国 著. -北京:人民出版社,2009.9
ISBN 978 - 7 - 01 - 008185 - 4

Ⅰ. 直… Ⅱ. 陈… Ⅲ. 中小企业-融资-研究-中国　　Ⅳ. F279. 246

中国版本图书馆 CIP 数据核字(2009)第 157066 号

直击创业板
ZHIJI CHUANGYEBAN

陈爱国　著

人民大版社 出版发行
(100706　北京朝阳门内大街 166 号)

北京市佳顺印务有限公司印刷　新华书店经销

2009 年 9 月第 1 版　2009 年 9 月北京第 1 次印刷
开本:710 毫米×1000 毫米 1/16　印张:15.5
字数:221 千字　印数:00,001 - 30,000 册

ISBN 978 - 7 - 01 - 008185 - 4　定价:28.00 元

邮购地址 100706　北京朝阳门内大街 166 号
人民东方图书销售中心　电话 (010)65250042　65289539